HB Bildatlas

Der Fotograf Michael Riehle aus Berlin ist vor allem in Afrika und Asien zu Hause. Schweden war für ihn ein geradezu ›exotischer‹ Ausflug.

Der Autor Alphons Schauseil hat als Korrespondent Jahre in Schweden zugebracht und alle Regionen des Landes intensiv bereist. Heute lebt er auf Korsika.

Liebe Leserinnen, liebe Leser!

Nur wenige Autostunden von Norddeutschland entfernt liegt ein Land, in dem es kalt ist, wo die Frauen blond und die Steuern hoch, wo Wein, Bier und Schnaps unbezahlbar sind. Wie alle Vorurteile enthalten auch diese ein Quäntchen Wahrheit, aber – am besten, man überzeugt sich selbst. Natürlich kann es kalt sein in Schweden, doch sind die Sommer meist sonnig und dann häufig sehr warm – wenn es nicht regnet. Natürlich ist das Preisniveau hoch, etwa 20 Prozent über dem Durchschnitt der Europäischen Union – doch hat das restliche Europa in Urlaubsregionen längst nachgezogen. Nur bei den Spirituosen gönnt sich Schweden eine Sonderrolle.

Wenige Länder haben eine so treue Anhängerschaft. Sie schätzt vor allem die landschaftliche Vielfalt: von felsiger Schärenküste am Skagerrak über endlose Sandstrände an der Ostsee bis zu von Schlössern gesäumten Binnenseen aller Größen, von bunten Feldern und blühenden Obstbäumen in Schonen über tiefe Wälder in Småland bis hin zu ersten Gebirgsausläufern in Dalsland. Und Urbanität, Kultur? Wer Stockholm und Göteborg zur Mittsommerzeit erlebt hat, stellt diese Frage nicht. Und wundert sich auch nicht darüber, dass allein im Gebiet dieses Bildatlanten acht Unesco-Welterbestätten präsentiert werden.

Diese Vielgestaltigkeit zu entdecken, macht Spaß, und den wünscht Ihnen

Ihr HB-Bildatlas-Team

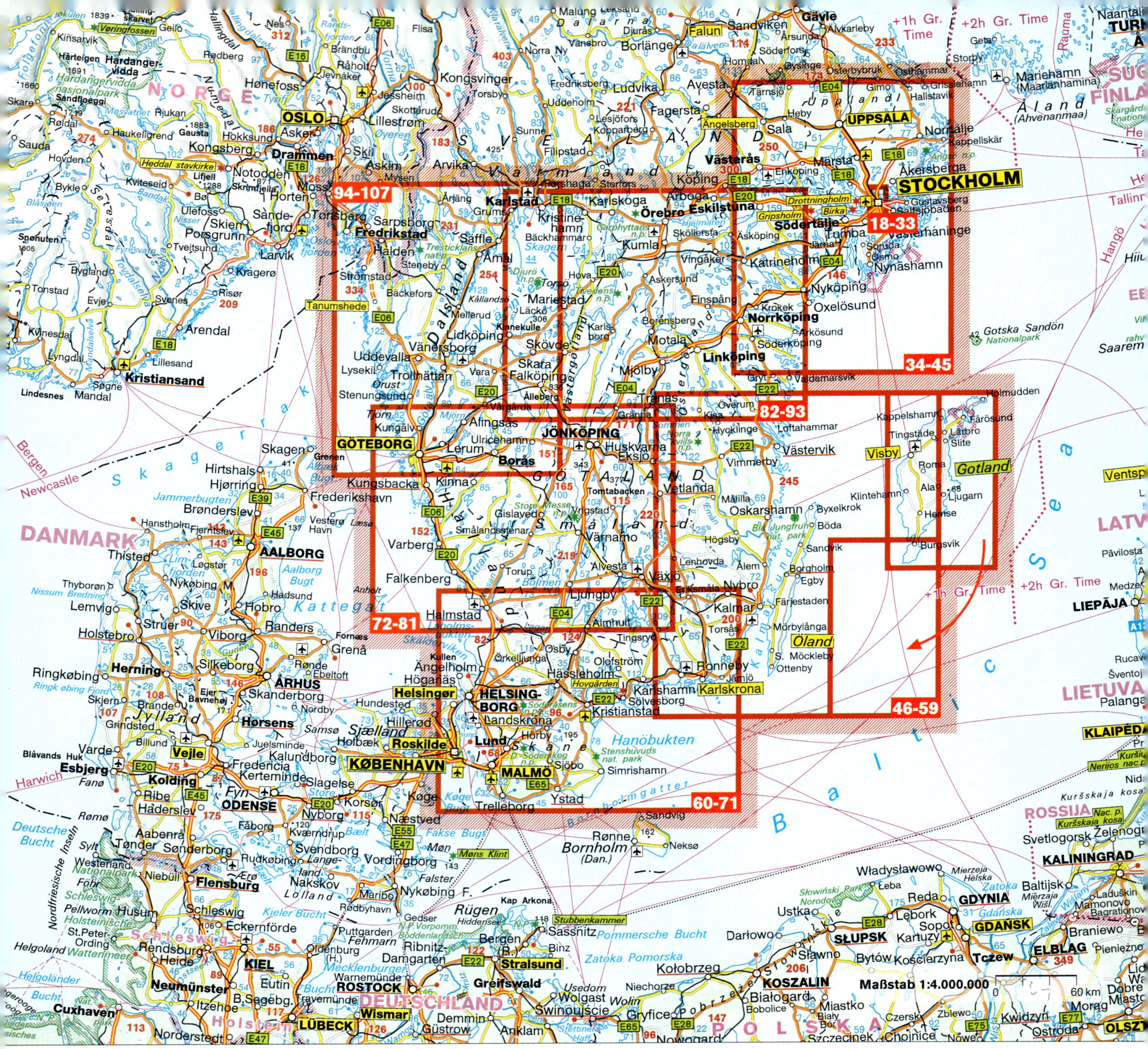

Strand beim gotländischen Tofta: Beachvolleyball ist sehr beliebt

Einen großartigen Überblick gewährt der Turm des Stockholmer Stadshus

Inhalt

Besuchen Sie uns im Internet:
www.hb-bildatlas.de

TOP ZIEL

BESONDERS SEHENSWERT

KUSTBEVAKNING
COASTGUARD
283

Sonnenbank und Badeleiter

Skandinavier sind sonnenhungrig, da machen die Schweden keine Ausnahme. Kaum ist der letzte Schnee geschmolzen, zeigen sie sich in T-Shirt und kurzen Hosen, und dann dauert es auch nicht mehr lange, bis sie die Schärenfelsen bevölkern – wie hier bei Smögen.

Den Blick auf morgen

Mag Stockholm auch auf ewig Schwedens Hauptstadt sein, am Götaälv ist dafür die Avantgarde zu Hause. Konkurrenz soll ja beflügeln, Göteborg jedenfalls möchte keinen Beweis schuldig bleiben, auch architektonisch eine weltläufige Stadt zu sein, schließlich schaut man von der neuen Oper über den Mastenwald auf den Ozean – jedenfalls fast.

In eine andere Welt geschaut

Die Vergangenheit fasziniert, und besonders das Mittelalter wird auf Festivals zelebriert und in seinen Bauwerken bewundert. Selten gut erhalten geblieben sind die jahrhundertealten Stadtmauern von Visby auf Gotland, einer Insel, zu der die Schweden ein besonderes Verhältnis haben.

Ein See oder eher Meer

Kein anderes Land im alten Europa hat mehr zu bieten. Der Väner- und der Vättersee sind die größten Binnenseen des Kontinents, kleinen Meeren gleich. Besonders im Hochsommer sind sie weniger Verkehrsweg und Wirtschaftsfaktor, sondern eher Freizeitareal. Nichts geht über ein Picknick im warmen Abendlicht mit Blick über eine schier endlose Weite dem Sonnenuntergang hinterher (Omberg am Vättern).

Das Leben ist doch bunt

Gemeinsam unter Gleichen etwas unternehmen: In Tracht und beim Folkloretanz ist dieses schwedische Bedürfnis wunderbar auszuleben. Und dass dieser Griff nach den erfreulichen Seiten der Vergangenheit auch die Besucher der vielen volkstümlichen Veranstaltungen Schwedens beglückt, ist doppelt angenehm – wie hier im Stockholmer Freilichtmuseum ›Skansen‹.

Schifffahrt tut Not

Und dass dies auch für eine jenseitige Welt gilt, zeigen die vielen Steinsetzungen in Schiffsform. Zumindest die vor- und frühzeitlichen Bewohner Schwedens scheinen davon überzeugt gewesen zu sein, denn überall im Land – und nicht nur auf der Insel Öland – sind mythische Steine und Felsritzungen, zum Teil noch unerforscht, aus dieser Zeit zu finden.

Bunte Inseln der Macht

Ein ›Venedig des Nordens‹? Das abgegriffene Werbeklischee beschreibt den ganz eigenen Charme der Schwedenhauptstadt nur unzureichend, will nicht so recht passen. Zutreffend ist allerdings: Stockholm breitet sich auf einer Inselwelt zwischen Mälarsee und Ostsee aus. Jeweils zu einem Drittel gehen Wasser, Stadt und Grünflächen harmonisch ineinander über.

Stockholms Stadtinseln Riddarholmen, Gamla Stan, Skeppsholmen und Djurgården.

▲ Blick von Skeppsholmsbron hinüber auf Gamla Stan mit dem Königlichen Schloss

▲ Königliches Schloss: das Treppenhaus ...

▼ ... und eines der Gästeappartements

▼ Wachablösung am Ytre Borggården auf der Altstadtseite

▲ Barocke Pracht auch in der Schlosskapelle

Auf einer flachen Schwelle, einer ›holme‹, einer Erhebung zwischen Süß- und Salzwasser, wurde vor über 800 Jahren der Handelsplatz Stockholm gegründet. Auf Holzpfählen, Stöcken, lagerten die Fundamente – daher der Name. Beiderseits des alten Kerns, der gut erhaltenen Altstadt Gamla Stan, ergießt sich der 80 Kilometer weit ins Land reichende Mälar in die hier zunächst Strömmen genannte Salzsee. Ungebremst als Norrström im Norden, als Sportbootschleuse Slussen südwärts.

›Staden mellan broarna‹, zwischen den Brücken, wird diese Keimzelle einer längst über andere Buchten und Seen ausgreifenden Kapitale auch genannt. Nicht nur die Wasser rauschen an ihr vorbei, auch der Verkehrsfluss ist auf den Meereskai Skeppsbron und die für Durchgangsverkehr und Eisenbahn errichtete Centralbro kanalisiert. So blieben Charakter und Substanz der Ursprungsinsel gut erhalten.

Über welche der sieben Zugangsbrücken man auch diese Oase einer vergangenen Epoche betritt, nach nur wenigen Schritten wird man von einem geradezu norddeutsch wirkenden Nostalgie-Ambiente gefangen. Kein Wunder: Das alte Stockholm wurde vom 14. Jahrhundert an eine lange Zeit auch von Handelsherren der Hanse und deutschen Pastoren geprägt.

Die deutsche Seite der Stadt

Die aus einer Seemannskapelle entstandene Storkyrka, die Große Kirche, ist das älteste Gotteshaus der Stadt und war Ausgangspunkt der Reformation in Schweden. Ihre Ausstattung – Gemälde, Silberaltar, Kanzel, Königsstühle und eine St.-Georgs-Statue – trägt deutsche Handschrift. Am Platz Stortorget ist hinter dem Portal Nr. 3 des Missionshauses auf einer Wandtafel graviert: ›Drey schöne Ding sind, die beyde Gott und den Menschen wohlgefallen. Wenn Brueder eins sind, und die Nachbarn sich lieb haben, und Mann und Weib sich miteinander wohlbegehen.‹

In der Västerlanggata, einst Teil des binnenseitigen Wallgrabens, schieben sich Touristenscharen wie in der Rüdesheimer Drosselgasse durch eine dichte Folge von altmodischen Kleider- und Hutgeschäften, Galerien, Kunsthandwerk- und Souvenir-

▲ *Unterschiedliche Epochen ...* ▼ *... begegnen sich am Stortorg*

▲ *Erwartungsfroh im ›Gyldene Freden‹* ▼ *Gamla Stan mit Tyska und Storkyrkan*

▲ Vergangene Zeiten spiegelt die Altstadtgasse Prästgatan

▲ Dies ist die Deutsche Kirche

▼ Auch Altstadt: Jazz am Skeppsbrokajen

läden, manchem Antiquitäten-Angebot, Jeans- und Sandalenshops, Pizzerias und Cafés. Nur ein paar Meter weiter zum Mälarsee hin ist es in der noch schmaleren Prästgata meist menschenleer. Nirgendwo ist das Mittelalter so präsent wie hier, spiegelt sich das Licht derart in den Fensterscheiben der ocker-, gelb- und rotverputzten Fassaden. In der Nordhälfte wohnten einst die schwedischen Pastoren der Storkyrka, ganz hinten aber auch der Henker, im Südteil die Deutschen von St. Gertrud, der Tyska Kyrka. Auch sie ist eine Schatzkammer altdeutscher Kunst. Und noch viele Gassen und kleine Plätze im Umkreis des kupfergrünen Turms tragen das Adjektiv ›tyska‹. Viermal am Tag bimmelt das Glockenspiel die deutschen Psalmen ›Lobet den Herrn‹ und ›Nun danket alle Gott‹.

SPECIAL

Neuer Blick auf die Umwelt

Im März 1971 machte sich in Stockholm wohl zum ersten Mal in Europa Volkszorn gegen den unbekümmerten Umgang der Behörden mit der Umwelt Luft. Am Opernende des Kungsträdgården sollte ein neuer U-Bahn-Eingang in den Granit gesprengt werden. Allerdings stand ein Dutzend alter Ulmen rings um einen beliebten Teesalon im Weg. So rückten Arbeiter an – aber kaum hatten sich ihre Kettensägen in einen der Bäume gefressen, wurden sie von einer empörten Menge abgedrängt. Sogar berittene Polizei war machtlos. Das Projekt wurde aufgegeben, und die Baumgruppe ›almerna‹ spendet noch heute Schatten. Im Herbst desselben Jahres fand in Stockholm die erste Umweltschutz-Konferenz der UNO statt, das neue Umweltbewusstsein brach sich Bahn. So ist das Mälarwasser dank vollbiologischer Kläranlagen ringsum trotz brauner Naturtrübung trinkbar, und zwischen Oper und Schloss kann man gratis steigende Lachse angeln.

Das Schweden der Könige

Zur Mittagszeit sammeln sich die Besucher allerdings auf Slottsbacken vor dem königlichen Stadtschloss Tre Kronor. Dann zieht aus der City und von Skeppsbron die Leibgarde mit Tschingderassassa herauf

▲ Mittsommerfeuerwerk in Stockholm ▼ Hinter den Toren liegt Drottninggatan

▲ Stadshuset auf Kungsholmen und Riddarholmskyrkan mit eiserner Turmspi

▲ Der Goldene Saal im Stadshus ▼ Nicht weniger edel: das Operncafé

▼ *Repräsentative Ministeriumsfassaden an Strömgatan am Norrström*

zur Wachablösung. Nach dem Zeremoniell flirten die gerade nicht in die Schilderhäuschen abkommandierten jungen Soldaten unterm glitzernden Pickelhelm mit neugierigen Mädchen.

Das gewaltige Schlossviereck wird trotz dieser Tradition nicht mehr von König Gustav und Königin Silvia bewohnt. Hier liegen die Repräsentationssäle, Traditionszimmer, Museen und die Arbeitsräume des Monarchen. Das schwedisch-deutsche Königspaar lebt seit 1982 mit seinen drei Kindern im barocken Drottningholm auf der Mälarinsel Lovön. Auch die verspielten Residenzen Haga, Ulriksdal und Rosendal sind wie das Schloss am Strömmen nur noch Kulturdenkmäler.

Das Erbe Alfred Nobels

Auf Gamla Stan, eine Treppe hoch im Haus der Börse, wird alljährlich im Herbst der wohl mit der größten Spannung erwartete Nobelpreisträger verkündet, der Laureat für Literatur. Die altschwedisch ›aderton‹ genannten achtzehn Mitglieder der Svenska Akademie treffen nach langwierigen, geheimnisvollen Mittagessen in einem Raum des ihnen vermachten Altstadtlokals ›Den Gyldene Freden‹ immer wieder überraschende, oft auch längst überfällige Entscheidungen. Dem Stadtschloss gegenüber, im ›Grand Hotel‹ auf der Halbinsel Blasieholmen, logiert der schließlich von ihnen Erwählte dann zusammen mit den anderen Ausgezeichneten vor der Verleihungszeremonie jeweils am 10. Dezember, dem Todestag des Stifters und Dynamiterfinders. Schon ein paar Tage vor dem eigentlichen Lucia-Fest wird ihnen das Frühstück von blonden, jungen Frauen mit Kerzenglanz im Haar und dem neapolitanischen Heiligenlied serviert. Und das grandiose Diner am Abend im Goldenen Saal und der Blauen Halle des Stadshus adelt die Gegenwart des Königspaars.

Blick vom Stadshus

Mit seiner italienisch inspirierten Backstein-Architektur setzt dieser Repräsentationsbau einen weithin sichtbaren Akzent am Norr Mälarstrand. Von seinem Turm geht der Blick über die Altstadt hinweg bis auf die Ostseeausläufer. Rechter Hand das auf hohem Granit fußende Södermalm,

▲ Abitur ist auch in Schweden einen Spaß wert

▼ Moderne Architektur: Einkaufszentrum ›Globen‹ auf Södermalm

▼ Nachtleben am Stureplan

▲ *Gläserne Moderne am Sergels torg: Junge Schweden lieben amerikanische Wagen*

▲ *Jede Station ein Kunstwerk: ›T-Centralen‹*

▼ *Verführung ›Saluhall‹ am Östermalmstorg*

einst Arbeiter- und Arme-Leute-Viertel, in seinen älteren Trakten noch eine Oase gemächlicheren, großstadtabgewandten Lebens. Mit Bistros und Galerien, die heute ›in‹ und morgen ›out‹ sind, ist es ›Szene‹ für alternative Kreativität, die sich vom zeitlosen skandinavischen Design der City-Läden eingeengt fühlt und dagegen mit skurrilen Entwürfen rebelliert.

Links vom Stadshus die königliche Oper und gleich anschließend die Gartenanlage Kungsträdgården – gesäumt von Banken und beim ersten Sonnenstrahl besetzten Bänken, mit Konzertbühne, Tanzplatz, Großschach und wechselnden Ausstellungen. Dieser Königsgarten stößt an der Hamngatan mit dem Edel-Kaufhaus Nordiska Kompaniet und der Shopping-Mall Gallerian an das Zentrum der City. Eckpfeiler des ›feinen‹ Viertels Östermalm ist ›Dramaten‹, das Königlich Dramatische Theater, in dem Ingmar Bergman seine Stücke inszenierte. Die Fassaden des Prachtboulevards Strandvägen schieben sich von Blasieholmen her gesehen zu einer Kulisse vornehmen, längst verblichenen Wohlstands zusammen.

Hinüber auf die Museumsinsel

Djurgården gegenüber bietet Museen, herrschaftliche Villen, schöne Uferpfade und viel Freizeitfläche. Einen weiten Raum nimmt ›Skansen‹ ein, ein Freilichtmuseum mit einem Überblick über das alte Schweden der Kinderbücher von Astrid Lindgren und Geschichten um Gustav Vasa. Dicht gedrängt und schrill lockt nebenan Gröna Lund, ein Sommer-Tivoli. Und um Galärvarvet mit dem bald 400 Jahre alten, aus dem Hafenschlick geborgenen königlichen Schlachtschiff ›Vasa‹, einem ausrangierten Eisbrecher und Feuerschiff, haben mit den Jahren ehemals aufgegebene, mittlerweile aber restaurierte oder einem neuen Leben erst entgegensehende Oldtimer ihren Liegeplatz gefunden. Darunter der Schoner ›Geodar‹ und der Dreimaster ›Marite‹, der Kojen und Kabinen für Gästetouren bereit hält. Auch gegenüber an Skeppsholmen, Kastellholmen, Waldemarsviken, längs Strandvägen, am Norr Mälarstrand beim Stadshus und am Södra Mälarstrand bis zur einstigen Gefängnisinsel Langholmen haben alte Segler und Motorschiffe

▲ *Wachablösung vor Schloss Drottningholm, ...* ▼ *... dem Wohnsitz der königlichen Familie*

▼ *Kunst im Schloss eines Künstlers: ...* *... Waldemarsudde auf Djurgården* ▶

▲ *Die ›Vasa‹ in ihrem Museum*

festgemacht – einige davon als preiswerte Wohnungen oder Billighotels. Blickfang ist das Jugendherbergsschiff ›af Chapman‹ an Skeppsholmen gegenüber von Gamla Stan. Ganz Stockholm also ein lebendiges Schiffsmuseum.

SPECIAL

Der goldene Königstraum

Hauptanziehungspunkt der Museumsinsel Djurgården ist das Regalschiff ›Vasa‹. 1628 war das von Gustav II. Adolf im Dreißigjährigen Krieg in Auftrag gegebene, prächtigste seiner Schlachtschiffe nach wenigen hundert Metern seiner Jungfernfahrt unter vollen Segeln in einer Windbö vor Beckholmen gekentert. Der aus 1000 Eichen erbaute, mit über 50 Meter hohen Masten, 64 schweren Geschützen und Hunderten von vergoldeten und bemalten Skulpturen protzende Königstraum war einfach zu instabil. 1956 gelang es dem damals 38-jährigen Ingenieur Anders Franzén, einem Experten der Seekriegsgeschichte, das Wrack mit einem selbst konstruierten Lot in 30 Meter Tiefe aufzufinden. Das salzarme Wasser der Ostsee, in dem der nagende Schiffswurm noch nicht gedieh, hatte den Rumpf gut bewahrt. 1961, nach 333 Jahren im Strömmen-Schlick tauchte die ›Vasa‹ wieder aus den Fluten auf. Bis 1979 mit einer Glykollösung besprüht und Stück für Stück durch weitere Funde ergänzt, fand sie 1988 – zu 95 Prozent aus Originalteilen rekonstruiert – ihren heutigen Liegeplatz in der durch Luftschleusen abgesicherten, im Halbdunkel liegenden Halle der Vasa-Werft.

▼ *Mit besonderer Atmosphäre: Schlosstheater auf Drottningholm*

▼ *Architektur und unmerklich gestaltete Natur vereinen sich im Schlosspark Haga*

Die Ostsee im Blick

Durch die Seepforte am äußersten Ende von Djurgården ziehen Kreuzfahrtschiffe und die rot-weißen Finnland-Fähren. Schon in Sichtweite liegen dort die winzig-idyllischen Fjäderholmarna, erste von über 20 000 Inseln des Stockholmer Schärengartens. Gleichsam ein sich weit in die Ostsee erstreckender, maritimer Vorort der Hauptstadt. Ohne Verkehrslärm, mit Gasthöfen, Pensionen, Seglerhotels, Wandererheimen, Campingplätzen, blanken Badefelsen, kleinen Sandbuchten – der Zeit entrückt und doch in kurzer Zeit per Schiff erreichbar.

Maßstab 1:15.000
0
200 m
NORR
MALM
ÖSTERMALM
GAMLA
STAN
RIDDARHOLMEN
SKEPPS-
HOLMEN
DJURGÅRDEN
Skansen
Kastellholmen
Beckholmen
Blasieholmen
Helgeandsholmen
Riddarfjärden
Strömmen
Ladugårdslandsviken
Djurgårdsbrunnsviken
Waldemarsviken
Stadshuset
Kungliga Slottet
Humlegården
Hakberget
Skansberget
Stadion
Karlaplan
Östermalmstorg
Hötorget
T-Centr.
Kungsträdg.
Gamla Stan
Slussen
Medborgarpl.
Mariatorget
Zinkensdamm
Rådhuset
Rådmansgatan
Vasamuseet
Nordiska museet
Historiska museet
Nationalmus.
Prins Eugens Waldemarsudde
Statens sjöhistoriska museet
Tekniska museet
Centralbron
Skeppsbron
Strömbron
Djurgårdsbrunnsväg
Strandvägen
Valhallavägen
Lindarängsvägen
Oxenstiernsgatan
Sveavägen
Kungsgatan
Hamngatan
Klarabergsgatan
Kungsholmsgatan
Stadsgårdsleden
Katarinavägen
Folkungagatan
Renstiernas gatan
Ringvägen
Tantolunden
Henriksdal
Finnboda
Tegelvikshamnen
Frisens Park
1
2
3
4
5
6
7
8
9
10
11
12
13
14
15
16
17
18
19
20
21
22
23
24

Infos

Kutschenpracht in der Königlichen Leibrüstkammer im Schloss

TIPP

Stockholm Card

Der City-Schlüssel Stockholms Kortet (24 Std., 2 oder 3 Tage) beinhaltet kostenloses Parken mit einem dazugehörigen Parkschein, freie Fahrt in Bus und U-Bahn sowie freien Eintritt zu sämtlichen Museen, Schlössern und Türmen, freie Fahrt auf den Sightseeing-Booten im Stadtbereich sowie Rabatt auf den Schiffen nach Drottningholm. Der dazu gelieferte Guide im Taschenformat stellt sämtliche Attraktionen auch auf Deutsch kurz vor und zeigt ihre Lage auf einer Übersichtskarte. Ergänzend dazu gibt es Båtluffarkortet; damit reist man während 16 Tagen mit den Booten von Waxholmsbolaget zu Zielen im Stockholmer Schärengarten. Auch eine Broschüre mit Ausflugszielen und Übernachtungsstellen gehört dazu. Beide sind u. a. in Utflyktsbutiken erhältlich.

Geschichte und Allgemeines

Die Lage war für einen zentralen Handelsplatz ideal: An den kaum schiffbaren und dazu noch mit schwimmenden Eichenbalken leicht zu sperrenden Stromengen zwischen Süß- und Salzwasser konnten Inlandwaren von kleinen Booten auf seetüchtige Schiffe umgeladen werden.

Um 1180 ließ König Knut Eriksson einen Wehrturm auf die Hauptinsel Stadsholmen setzen. Dieser ›Kärnan‹ genannte Bau war Ursprung einer Befestigungsanlage, die unter Birger Jarl, dem eigentlichen Stadtgründer, errichtet wurde (1250–1260). Mit der Zeit erhielt die Burg den Namen ›Tre Kronor‹ – nach den vergoldeten drei Kronen auf der Spitze des Wehrturms. Langsam entstand aus Stadsholmen die Hauptstadt Stockholm, die um 1450 mehr als 5000 Einwohner hatte.

1520 eroberte Dänenkönig Christian II. die Stadt und lud als ›Versöhnungsgeste‹ die Honoratioren zum Festmahl ins Schloss. Am Ende des Banketts ließ er alle Türen verriegeln und die anwesenden Gegner seiner Herrschaft – Bürger, Adel, Geistlichkeit – kurzerhand auf dem Stortorg köpfen; das Ereignis ging als ›Stockholmer Blutbad‹ in die Geschichte ein. Die Feldzüge des Dreißigjährigen Kriegs (1618–1648) machten Stockholm reich, zahlreiche Paläste und Residenzen entstanden. Der Große Nordische Krieg (1700–1721) dagegen warf das Land zurück, die Pest wütete auch in der Hauptstadt, eine Armutsperiode folgte. Unter dem schöngeistigen Gustav III. (ab 1772) begann eine kulturelle Blütezeit. 1853 erhielt die sich ausweitende Stadt Gasbeleuchtung.

Der Altstadt gegenüber: die großen Fähren

Heute hat Großstockholm (Stockholms län) rund 1,65 Mio. Einw., davon leben 750 000 in der City (Stockholms stad). Auch wenn die Zahl der Industriearbeitsplätze rückläufig ist: Stockholm gehört zu den wichtigsten Industriestandorten Schwedens (ABB, Scania, Ericsson). Als Hauptstadt mit Sitz der Regierung, des Reichstags, des höchsten Reichsgerichts und wichtiger Hochschulen ist Stockholm ein Dienstleistungszentrum ersten Ranges, auch die großen Verlage und Zeitungen Schwedens sind hier ansässig. So stellen öffentliche und private Verwaltungen einen Großteil der Arbeitsplätze.

ⓘ Turistbyrån mit Information und Hotelbuchung im Sverigehuset, Hamngatan/Ecke Kungsträdgården, Tel. 08 789 24 90, Fax 08 789 24 91, www.stockholmtown.com, Mo.–Fr. 9.00–18.00, Sa. und So. 9.00 bis 15.00 Uhr; dort auch Utflyktsbutiken mit Ausflugspaketen und Billettverkauf. Außerdem eine Anlaufstelle im Hauptbahnhof (Hotellcentralen, Centralstationen), Tel. 08 789 24 56, Fax 08 791 86 66, Juni–Aug. tgl. 8.00–20.00, Sept.–Mai Mo.–Sa. 9.00–18.00, So. 12.00–16.00 Uhr.

Sehenswürdigkeiten

Gamla Stan: Von der City her geht es über die Norrbro oder Strömbron auf das wuchtige TOP ZIEL **Stadtschloss** 8 zu, mit etwa 600 Räumen eines der größten der Welt. Sein heutiges Erscheinungsbild begann sich mit dem Bau des barocken Norrström-Flügels (1695) durch den aus Stralsund gekommenen Festungs- und Schlossarchitekten Nicodemus Tessin d. Ä. zu formen: ›Dank‹ eines verheerenden Brandes konnte Tessin d. J. unter dem prunksüchtigen Karl XII. das Viereck mit einem Vorgarten und Wasserspeiern zur Ostsee hin in italienischer Renaissance vollenden. 1754 zogen Adolf Fredrik und Lovisa Ulrika (Luise Ulrike), Schwester Friedrichs des Großen, ein. Führungen durch Reichssaal mit Thron, die Bernadotte- und Festräume, die Gästewohnung für Staatsoberhäupter und die Ordenssäle zwischen offiziellen Anlässen (Sept.–April tgl. außer Mo. 12.00–15.00, 15. Mai bis Aug. tgl. 10.00–16.00 Uhr). Im Schlossgewölbe die Schatzkammer mit den Reichsinsignien (gleiche Zeiten). Ebenfalls im Keller die Königliche Leibrüstkammer mit Waffen Gustav Vasas, dem präparierten Pferd, das Gustav II. Adolf in der Schlacht bei Lützen ritt, Krönungsgewänder und Karossen (www. royalcourt.se; Sept.–Mai tgl. außer Mo. 11.00–17.00, Juni–Aug. tgl. 10.00 bis 17.00 Uhr). Die **Wachparade** zieht im Sommer tgl. auf, Wachwechsel 12.00 Uhr im rückwärtigen Borggården, sonst Mi., Sa., So. und Fei. um 13.00 Uhr.

Auf der Rückseite der **Storkyrka** 6 (1306 geweiht, im 18. Jh. barockisiert) an Slottsbacken die Statue des Reformators Olaus Petri, der als Erster den Zölibat zu brechen wagte. Das Kircheninnere prägt spätmittelalterliche Gotik. Aus katholischer Zeit stammt das St.-Georgs-Monument des Lübeckers Bernt Notke aus bemaltem und vergoldetem Eichenholz (1489) mit Reliquien unter dem Brustharnisch. Den Silberaltar schuf in Hamburg Eustachius Erdmüller, die vergoldete Kanzel der aus Deutschland eingewanderte Burchardt Precht. Die Königsstühle hinter der Kanzel entwarf Tessin d. J., sie wurden von Precht skulptiert. Einen Eindruck vom alten Stockholm gibt die ›Vädersolstavla‹ an der Südwand; sie entstand nach einer Himmelserscheinung 1535. (Eine leichter zu studierende Kopie hängt im Stadsmuseum.) Vom Stortorg mit seinen barocken Bauten aus dem 17. und 18. Jh. hinab über Kåkbrinken zur Prästgata schützt ein altes Kanonenrohr ein ins Fundament gemauertes Runensteinfragment: ›Torsten und Frögunn errichteten diesen Stein für ihren Sohn ...‹

In Goldlettern steht über dem Gitterportal von der **Tyska Kyrkan St. Gertrud** 5 ›Fürchtet Gott! Ehret den König!‹ Im luftigen Barock des Inneren der 10 m hohe Altar von Markus Hebele aus Neumünster. Tessin d. Ä. entwarf die Königsloge mit geschnitzter Prachttreppe. Wieder über Prästgatan gelangt man durch Stockholms schmalste Gasse, die teils nur 90 cm breite Mårten Trotzigs gränd hinab zum Järntorg. Die rund 20 Gassen zwischen Österlanggatan und Skeppsbron vermitteln noch ein atmosphärisches Bild des altertümlichen Hafenmilieus.

An Gamla Stans Binnenseite steht auf **Riddarholmen** mit einer filigranen, gusseisernen Turmspitze (1841) die ehemalige, häufig umgebaute Klosterkirche der Franziskaner 3 (Urspr. 14. Jh.). In ihr werden seit dem Dreißigjährigen Krieg Könige bestattet, auch Luise Ulrike ruht hier.

Riddarhus mit Adelswappen im Rittersaal

Jenseits der lärmenden Centralbron noch ein besonderes Juwel: das in Renaissance begonnene, dann klassizistisch vollendete **Riddarhus** 7, 300 Jahre lang als Sitz des Reichsstands Zentrum des schwedischen Adels. Im Großen Saal hängen 2326 Wappenschilder nobler Familien, wovon heute nur noch etwa 600 bestehen (Mo.–Fr. 11.30–12.30 Uhr).

Södermalm: Jenseits der Bootsschleuse und des Verkehrsknotens Slussen liegt das einstige Arbeiter- und Armutsviertel, kurz ›Söder‹ genannt. Hier blieb altes Ambiente, nun stilgerecht herausgeputzt, vor allem zwischen Hornsgatan und Mälarufer bewahrt. Der kleine Park **Mariaberget** 2 ragt über Riddarfjärden mit Blick auf das Stadshus und die

Stockholm hat Platz für große und kleine Schiffe

Binnenseite von Gamla Stan. Für die Seefront der Altstadt, so wie sie einfahrende Schiffe wahrnahmen, bietet der flache Hügel **Fåfängan** 24 Logenplätze.

Kungsholmen: Das **Stadshus** 1 mit seinem Ziegelturm verheißt nicht nur einen grandiosen Blick auf Gamla Stan, innen fasziniert ›Gyllene Salen‹ mit goldschimmerndem Mosaik. Hier und in ›Blå Hallen‹ findet im Dezember das Nobel-Bankett statt (nur Führungen, Juni–Aug. tgl. 10.00, 11.00, 12.00, 14.00 und 15.00, Sept. 10.00, 12.00 und 14.00, Okt.–Mai 10.00 und 12.00 Uhr).

Norrmalm: Ab Mitte der 1950er-Jahre wurde dieser Stadtteil nachhaltig umgestaltet – der **Sergels torg** 11 ist dafür ein prägnantes Beispiel. In den großzügigen Straßenschneisen aus Asphalt und Beton sind die großen Kaufhäuser beheimatet, am **Hötorg** 12, der einst ein Heumarkt war, von mittlerweile selbst schon unter Denkmalschutz stehenden Hochhäusern abgeriegelt. Und aus dem königlichen Küchengarten des 18. Jh. wurde ein öffentlicher Veranstaltungsraum: Königlich ist in **Kungsrädgården** 13 nur noch das Großschachspiel im Schatten des Schwedenhauses (Sverigehus mit dem Turistbüro).

SPECIAL

Kunst in der T-Bahn

›Die längste Galerie der Welt‹ – über 70 der 100 Stationen von Akalla bis Östermalmstorg der ›tunnelbana‹, der Stockholmer U-Bahn, sind mit Kunstwerken dekoriert. Seit 1955 ist jedes Jahr etwas ›Kunst am Bau‹ hinzugekommen. Mosaike, Lichtinstallationen, Skulpturen und Gemälde, alle Gattungen der bildenden Kunst sind vertreten. Wie im Museum gibt es gelegentlich Führungen. Und ein kleiner Katalog verzeichnet die Kunst und die Künstler (Infos beim Turistbyrå, s. S. 31).

Östermalm: Auch dieser Stadtteil hat Veränderungen hinnehmen müssen, präsentiert aber noch viele repräsentative Bauten vom Ende des 19. und Beginn des 20. Jh., darunter **›Dramaten‹** 14, das 1908 eröffnete Jugendstiltheater, oder **Östermalms Saluhall**, eine backsteinerne Markthalle (Östermalmstorg).

Drottningholm: Mit dem Dampfer gelangt man bequem von Stadshusbron zu dem Schloss auf der Mälarinsel Lovön. Ein Großteil des 1662 nach Plänen von Tessin d. Ä. begonnenen Baus ist zugänglich. Attraktionen sind das Prunkschlafzimmer von Hedwig Eleonora und die Rokoko-Bibliothek der Königin Luise Ulrike. Die gesamte Anlage mit französischem und englischem Park, ›China-Schloss‹ und Theater wurde von der Unesco zur Welterbestätte erklärt (westl. außerhalb des Kartenausschnitts; Führungen Mai–Aug. tgl. 10.00–16.30, Sept. tgl. 12.00–15.30, Okt. bis April nur Sa. und So. 12.00–15.30 Uhr).

MUSEEN

Mit ca. 70 Sammlungen und Institutionen besitzt Stockholm eine enorme Museumsdichte. Ein jährlich aktualisiertes Faltblatt und der Stockholms Kortet Guide listet alle auf und gibt ihre Lage an. Hier eine Auswahl:

Historisches Museum (Historiska museet) 19: Schwedens Geschichte von der Steinzeit bis Gustav Vasa mit Wikingerwaffen, Runensteinen sowie einer Schatzkammer mit Gold und Silber (Narvavägen 1317; tgl. außer Mo. 11.00–17.00, Do. bis 20.00 Uhr, im Sommer tgl.).

Königlicher Hofstall (Hovstallet) 15: Kutscher führen durch die Stallungen mit Pferden, Paradeharnischen und einer einzigartigen Kutschenkollektion aus dem 19. Jh. (Väpnargatan 1 nahe Nybroplan; 24. Juni bis 9. Aug. Mo.–Fr. 14.00 Uhr, sonst nur Sa. und So.).

Mittelaltermuseum (Stockholms Medeltidsmuseum) 9: Untergrundschau um den Fundplatz der bei Grabungen entdeckten Stadtmauerreste und Holzschiffe, Nachbildung mittelalterlicher Bauten (Strömparterren auf Helgeandsholmen; Sept.–Juni tgl. außer Mo. 11.00–16.00, Mi. bis 18.00, Juli bis Aug. Mo. und Fr.–So. 11.00–14.00, Di.–Do. bis 18.00 Uhr).

Moderna Museet 17: 1998 wurde das Museum für zeitgenössische, vor allem skandinavische Kunst des 20. Jh. eröffnet (Skeppsholmen; Di. 10.00–20.00, Mi.–So. 10.00–18.00 Uhr).

Nationalmuseum 16: Schwedens größtes Kunstmuseum mit Gemälden, Skulpturen, Grafiken und Kunsthandwerk sowohl schwedischer als auch europäischer Künstler bis um 1900 (Södra Blasieholmshamnen; Sept.–Mai

Infos

Blick hinüber auf das Nationalmuseum, das der Kunst gewidmet ist

tgl. außer Mo. 11.00–17.00, Di. und Do. bis 20.00 Uhr, sonst kürzer).

Nordisches Museum (Nordiska Museet) 20: Die kulturgeschichtliche Nationalsammlung Schwedens präsentiert Alltag und Feste, Traditionen und Trachten, das Volk der Samen und Strindberg-Gemälde (Djurgårdsvägen 6; Sept.–Mai tgl. 10.00–16.00, sonst bis 17.00 Uhr).

Prins Eugens Waldemarsudde 23: Seeufervilla des Malerprinzen Eugen mit seinen eigenen Werken und seiner Gemäldesammlung von 1880 bis 1940 – ein sehr stimmungsvoller Ort (Prins Eugens Väg 6, Djurgården; Mi. bis So. 11.00–17.00, Do. bis 20.00 Uhr).

Seefahrtsmuseum (Statens sjöhistoriska museet) 22: Schwedens Seefahrt durch die Jahrhunderte und Sonderausstellungen. Maritimes Spielzimmer Saltkrakan für Kinder (Djurgårdsbrunnsvägen 24; tgl. 10.00 bis 17.00 Uhr).

Skansen 21: Freilichtmuseum mit 150 Häusern und Gehöften aus dem ganzen Land, Zoo einheimischer Tiere, Volkstänze, Gesang. Besonders stimmungsvoller Weihnachtsmarkt (Djurgårdsslätten 49; Park Juni–Aug. tgl. 10.00–22.00 Uhr, sonst abends kürzer).

Stockholms Stadsmuseum 4: Geschichte der Stadt, die 2002 ihre Gründung vor 750 Jahren feierte. Dauerausstellung ›Eine Hauptstadt entsteht‹ (Ryssgarden, Slussen; tgl. außer Mo. 10.00–17.00, Do. bis 21.00, Juni bis Aug. 11.00–17.00, Do. bis 19.00 Uhr).

Vasamuseet 18: Das Regalschiff als Kern einer Zeitreise in Milieu und Politik zur Zeit seiner Entstehung im 17. Jh. mit Filmen, Sonderausstellungen, Führungen (auch in Deutsch), Restaurant mit Seeblick (Galärvarvsvägen 14; 10. Juni–20. Aug. tgl. 9.30–19.00, sonst 10.00–17.00, Mi. bis 20.00 Uhr).

TIPP

Abends ausgehen

Quirliges Leben vom Büroschluss bis in die frühen Stunden findet man vor allem um den Stureplan. Ein guter Einstieg ist die glasüberdachte Sturegallerian an der Fußgängerstraße Grev Turegatan. Dort drängen sich weitere In-Bistros und Bars. ›Sturecompagniet‹ in der Galleria ist ein Nachtklub über vier Etagen (Eintritt ab 22.00 Uhr). ›Sophie's Bar‹ und ›Biblios‹ (Biblioteksgatan 5 bzw. 9) sind eintrittsfrei. ›Club Guidelines‹ bzw. ›Fasching‹ (Kungsgatan 63) ist bekannt für seinen Jazz, Soul und Latino (ab 24.00 Uhr, Bar ab 20.00 Uhr).

Shopping 5

Schweden gilt als teures Pflaster – das ist sicher zutreffend, wenngleich Teures und Exklusives hier häufig günstiger zu haben ist als anderswo in Europa. Die Nobeladressen ballen sich im Dreieck zwischen **Stureplan**, **Hamnsgatan** und der Prachtallee **Birger Jarlsgatan**. Åhlens-City ist noch ein echtes Kaufhaus und Schwedens größtes außerdem. Unter dem Dach des NK (Nordisk Kompaniet) sind viele kleine Luxusläden versammelt. Auch Stockholms ältestes Kaufhaus, das 1882 gegründete und nach Per Urban Bergströme benannte PUB, dient als Dach für mehr als 40 Geschäfte. **Einkaufspassagen** machen auch in Stockholm wetterunabhängig: Gallerian zwischen Hamn- und Jakobsgatan und Sturegallerian am Stureplan sind die größten. Wichtigste Einkaufsstraße ist **Drottninggatan**, im unteren Teil mit Mode und im oberen mit Secondhand, Antiquariaten und Kunsthandwerk. Die Geschäfte im Zentrum haben Mo.–Fr. 10.00–18.00, Sa. bis 15.00 Uhr, viele auch So. geöffnet.

Skandinavisches Design: Seit auf der kunsthandwerklichen Stockholmsutstellingen 1930 erstmals funktionalistische Möbel präsentiert wurden, hat nordische Gestaltung Weltrang. **Glas und Kristall** der großen Hütten bei Nordiska Kristall (Kungsgatan 9) und Kristallbutiken (Västerlanggatan 66), Orrefors & Kosta (Birger Jarlsgatan 11), Pukeberg (Nybrogatan 16), blas & knada (Hornsgatan 26) sowie im Kaufhaus NK (Hamngatan). **Schmuck** bei Georg Jensen (Birger Jarlsgatan 13), moderne **Möbel-Klassiker** bei Svensk Tenn (Strandvägen 5).

SPECIAL

Drottningholms Theater

Das von Königin Luise Ulrike in Auftrag gegebene und 1766 eröffnete Gebäude ist das wohl weltälteste, noch in seinem ursprünglichen Zustand bewahrte Theater. Seine Bühnenmaschinerie mit Wind, Donnereffekten, bewegten Wellen und Schiffen besteht ganz aus Holz, wird handbetrieben und ermöglicht einen Dekorationswechsel bei offenem Vorhang. Original sind auch die schmalen, harten Sitze, doch wenn die Vorführung ›angeklopft‹ wird, vergisst man das schnell. Aufgeführt werden Mai–Sept. meistens Opern, Musikdramen und Ballett (Jahresprogramm und Eintrittskarten landesweit in den Verkaufsstellen BiljetDirekt oder über www.drottningholmsteatern.dtm.se; Besichtigung nur bei Führungen, Mai tgl. 12.00 bis 16.30, Juni–Aug. 11.00–16.30, Sept. tgl. 13.00–15.30 Uhr. In der Hochsaison auch auf Deutsch).

Märkte: Köstlichkeiten aus aller Welt, aber auch die nordischen Spezialitäten wie geräuchertes Rentier- (ren) oder Elchfleisch (älg), Lachs (lax) und Ostseehering (strömming) sind auf Stockholms Märkten zu haben.
Zu dem täglichen Markt auf **Hötorget** kommen **Hötorgshallen**, die **Saluhall** (Östermalmstorg) und **Söderhallarna** (Medborgarpladsen in Södermalm), die auch über kleine Restaurants verfügen (Mo.–Mi. 10.00–18.00, Do–Fr. 10.00–19.00, Sa. 10.00–16.00 Uhr).

Konzert und Theater

Ballett: Klassisches bietet **Kungliga Operan** 10 (Gustavs Adolfs torg), modernes **Moderna Dansteatern** 17 (Slupsjulvägen 32).

Konzerte: Vor allem Klassik, gelegentlich auch Big-Band-Jazz im **Konserthus** 12, dem Domizil des Königlichen Philharmonieorchesters mit Mobiliar des 1920er-Jahre-Designers Carl Malmsten (Hötorget).

Oper: **Kungliga Operan** 10 (Gustavs Adolfs torg) gilt als erste Adresse.

Theater: Das **Kulturhus** 11 (Sergels torg) beheimatet hinter seiner beeindruckenden Glasfassade von 1974 Ausstellungsräume, eine Bibliothek und das **Stadsteater**.
Das **Kungliga dramatiska teater** 14 spielt auf vier Bühnen (Nybroplan).

Karten: Bequem ist der Vorverkauf in Utflyktsbutiken in Sverigehuset (s. S. 31).

Zwischen Land und Meer

Auf dem Weg durch das Seenland nach Uppsala beginnt Schwedens Norden, die sich verändernde Vegetation zeigt das deutlich. Aber auch sonst ist dieser traditionsreiche Ort wichtig für das Land: Er ist geistiges und geistliches Zentrum, und vor allem wird hier alljährlich das Signal gegeben, das den Beginn des ersehnten Sommers anzeigt.

Ein Inselchen unter Zehntausenden: Mittendrin im Schärengarten vor Stockholm liegt Badholmen bei Vaxholm.

▲ Eindrucksvoll empfängt ... ▼ ... Uppsalas Universität seine Besucher ▲ Bis Japan bekannt ist das Anatomische Theater im Gustavianum

▲ Linnés Hammarby: die mit dem ›Plantarum Americanum‹ tapezierten Räume

▲ Frisch gebackene Akademiker bei einem Empfang auf Uppsalas Schloss ▼ Skoklosters Kirche

Am Vorabend des 1. Mai schaut jeder Schwede, der einmal das Abitur, das ›Studentexamen‹, gemacht hat, nach Uppsala, einer der ältesten Universitäten des Nordens – oder nach Lund, dem weit jüngeren Gegenstück in Schonen. Das Fernsehen zeigt landesweit, wie dort die jungen Leute ihre weißen Schirmmützen mit den Schulkokarden, den Ausweis ihrer Studienreife, nach feierlichem Gesang jubelnd in die Luft werfen. Denn damit beginnt für die Schweden der Frühling, ja eigentlich schon der Sommer, mag es regnen oder schneien ...

Das Straßenbild der 160000-Einwohner-Stadt wird von den 36000 Studenten geprägt. Sobald das Wetter es zulässt, lagern, lesen, lernen sie auf jedem verfügbaren Stückchen Grün. Wissenschaftliche Vielseitigkeit hat hier Tradition und berühmte Ahnen: Der hier geborene Astronom Anders Celsius (1701–1744), der am Beweis der Erdabplattung an den Polen mitwirkte, erfand die Hundert-Teilung der Temperatur zwischen Gefrier- und Siedepunkt des Wassers. Auch sein Zeitgenosse Carl von Linné (1707–1778), der zunächst Arzt war, setzte weltweite Maßstäbe. Er schuf ein bis heute geltendes wissenschaftliches Pflanzensystem nach Klassen, Gattungen und Arten – viele Pflanzen hat er als Erster beschrieben. In dem nach seinen Richtlinien in Uppsala angelegten Botanischen Garten wachsen 1300 Arten. Sein persönliches Botanik-Paradies, Linnés Hammarby, fand er vor den Toren der Stadt, eine Bilderbuchidylle. Auch die Universität selbst war ihrer Zeit voraus. Im ältesten Teil, heute Museum Gustavianum, liegt unter einer Kuppel das in dieser Art einmalige anatomische Theater von 1663, eine Schöpfung des Universalgenies Olof Rudbeck.

Ein Zentrum Schwedens

Uppsala ist über die Universität hinaus von großer Bedeutung. Der gotische Dom ist Skandinaviens größte Kathedrale – Gustav Vasa liegt hier begraben. Hier wuchsen der Starregisseur Ingmar Bergman und der UN-Generalsekretär Dag Hammarskjöld auf.

Und Uppsala markiert eine Art Grenze zum kaum besiedelten, wesentlich größeren Nordteil des Landes. Auf der Schnell-

▲ *Prachtvoll bis ins Detail: Schloss Tureholm*

▲ *Im Gewölbe: Tureholms alte Küche*

▲ *... und hochedle Ritterspiele*

▼ *Mittelalterkontraste auf Skokloster: ›Hochnotpeinliche‹ Befragung ...*

straßenanfahrt von Stockholm her ist das an der Zunahme heller Birken zwischen kleiner wachsenden Kiefern ablesbar.

▲ Steht für Lebensqualität: Schloss Skokloster

▼ Mit Wehrcharakter: Schloss Gripsholm

SPECIAL

Linnés revolutionäres System

Nicht Schönheit und Farbe der Blüten unterscheiden die Pflanzenarten von einander – diese dienen nur ›als Brautbett‹ für ihre Geschlechtsorgane. Mit dieser Entdeckung machte der Hilfspfarrerssohn Sex zum Kern eines ersten, wissenschaftlichen Bestimmungssystems, das noch heute als Forschungsgrundlage dient. In Uppsala wurde der von klein an Naturinteressierte schon im dritten Studienjahr Dozent für Botanik, in Holland erwarb er den Doktorgrad und sah dort in einem Palmenhaus erstmals Ananas und Affen. In seiner bahnbrechenden Schrift ›Systema natura‹ ersetzte er die unklaren herkömmlichen Beschreibungen der Pflanzen durch lateinische Doppelnamen, später auch die der Säuger – von ihm stammt der Name ›homo sapiens‹. Der Königin Luise Ulrike überreichte er die erste Banane, die er in einem Gewächshaus hatte befruchten und reifen lassen. Sie adelte ihn zu Carl von Linné. Für die Schweden ist der barocke Exzentriker und ›Kanzleibeamte Gottes‹, der selbst mit Carolus Linnaeus zeichnete, eine Lichtgestalt.

Kaffee in der alten Hauptstadt

Uppsala lässt sich von der Hauptstadt auch auf dem Wasserweg per Mälarschiff erreichen. Es legt zuvor in Sigtuna an, einer früheren Hauptstadt. Sie entstand bereits gegen Ende der Wikingerzeit und war schon Bischofssitz, als in Uppsala noch die nordischen Götter angebetet wurden. Zum ersten Mal, nach der auf Birka begonnenen Christianisierung durch den ›Apostel des Nordens‹, Erzbischof Ansgar von Hamburg und Bremen, sammelten sich hier die Eliten eines Herrschaftsbereich unter einem König und einem Gott. Kein Handelsplatz war dies, sondern ein Machtzentrum, in dem bereits vor über 1000 Jahren zwei Millionen Silbermünzen geprägt wurden – ein zunächst missglückter Versuch, eine ›schwedische‹ Währung einzuführen. Als Stockholm die zentrale Rolle übernahm, geriet Sigtuna ins Abseits. So blieb

▲ *Auf die Schären gehört ein Schärenkreuzer: Eleganz vor dem ›Hotel Sandhamn‹*

▲ *Auf dem Weg nach Djurö: Maritim sind Sport ...*

▼ *... und Ernährung – zum Beispiel leckere Krabben in Vaxholm*

▲ *Sigtuna: auf alle Nationalitäten eingestellt*

▼ *Traum vom Schären-Urlaub*

das mittelalterliche Bild dort gut erhalten. Heute fährt man nach Sigtuna, um sich über das winzige Rathaus zu freuen und bei ›Tant' Brun‹ im Hof stimmungsvoll Kaffee zu trinken.

Legendäres Gripsholm

Wohl kein Ort hat das Schwedenbild der Deutschen so früh und stark geprägt wie Mariefred am Südufer des Mälarsees – durch die 1931 vom sonst oft so aggressiven Kurt Tucholsky geschriebene und seitdem zigtausendfach verkaufte Sommerlieben-Novelle ›Schloss Gripsholm‹. Zwar hat er dabei geflunkert, er und seine ›Prinzessin‹ haben nie im Schloss gewohnt – ›... aus roten Ziegeln erbaut, stand (es) leuchtend da, seine runden Kuppeln knallten in den blauen Himmel ...‹ –, sondern in einem bescheidenen Haus jenseits der Bucht. Aber Mariefred wurde nicht zuletzt für die vielen deutschen Besucher herausgeputzt. Die Parkplätze sind dem Ansturm angepasst, das ehemalige Rathaus ist hier gelb, doch die Bimmelbahn dampft noch wie in Tuchos Text zum winzigen Bahnhof – ›... eigentlich war es nur ein kleines Haus, das aber furchtbar wichtig tat‹.

Vor Schloss Gripsholm stehen besonders schöne Runensteine. Als erste Felszeichnung gilt dagegen Sigurdsristningen, etwas weiter westlich bei Sundbyholm am Seeausläufer Ramsundet. Auf einer glatten Felsfläche ist dort eingeritzt, wie Sigfrid dem schlangengleichen Favnir das Schwert in den Bauch stößt.

Eine amphibische Welt

Das seewärtige Inselreich, der Stockholmer Schärengarten, setzt sich nordwärts nach Norrtälje in der Höhe von Uppsala fort, südlich bis zur Industriestadt Oxelösund. Wer Abenteuer sucht, kann herausfinden, wie man diesen gesamten Gürtel aus Tausenden von Eilanden mit wechselnden Schiffen und Fähren bewältigt. Einen Eindruck von ostseenaher Provinz mit maritimem Ambiente vermitteln die alten Milieus von Norrtälje oder Trosa. Hier gibt es noch einfache, aber durch ›snickarglädje‹ geschmückte Holzhäuser, jenen Holzzierrat an Dach und Balkon, dessen Ausführung den Schreinern sichtlich Freude bereitete.

UPPSALA
VÄSTERÅS
STOCKHOLM
ESKILSTUNA
SÖDERTÄLJE
NYKÖPING
NORRKÖPING
Norrtälje
Enköping
Strängnäs
Sala
Heby
Katrineholm
Oxelösund
Nynäshamn
Söderköping
Flen
Märsta
Sigtuna
Gamla Uppsala
Uppl.-Väsby
Vallentuna
Sollentuna
Akersberga
Värmdö
Västerhaninge
Tumba
Botkyrka
Nacka
Saltsjöbaden
Gustavsberg
Trosa
Mariefred
Kungsängen
Bro
Arboga
Hallstahammar
Surahammar
Kolbäck
Norrköpings-Bukten
Östersjön
Baltic Sea
Maßstab 1:750.000
0
10 km
56
90

Infos

Norrtälje ①

Mit Stadtrecht seit 1622, war Norrtälje um die Wende zum 19. Jh. Bade- und Kurort der Stockholmer Society. Tor zu einer weiten Schärenwelt, die mit Borgmästarholm und dem Seebad Kärleksudden bis in den gemütlichen Ort reicht.

Sehenswert sind der alte Kurpark und die sommers lebhaften Plätze Stora und Lilla Torget.

Umgebung: Bei **Furusund** (südöstl.) schieben sich die dicken Åland-Fähren spektakulär durch eine schmale Passage.

ⓘ Turistbyrå, Danskes Gränd 6, S-761 28 Norrtälje, Tel. 0176 71990, www.norrtalje.se

Sigtuna ②

Die Reste der alten Hauptstadt, 980 von König Erik Segersäll gegründet und heute auch per Dampfer von Stockholm aus erreichbar, liegen drei Meter unter dem Straßenniveau, die Gassen und Plätze im Zentrum entsprechen noch der ursprünglichen Stadtanlage. In dem renommierten Internat verbrachte der jetzige König einige Schuljahre.

Aus Holz: Sigtunas ›Hochzeits-Rathaus‹

Sehenswert: Das kleinste **Rathaus** Schwedens wurde um 1740 erbaut. Es ist beliebt für standesamtliche Trauungen und steht nur im Sommer Besuchern offen.

Museum: In der Ausstellung ›Stadt der Könige, Heimat der Wikinger‹ im **Sigtuna Museum** werden Funde der Ausgrabungen gezeigt – Königsrunen auf einem Tierknochen, hier geschlagene Silbermünzen, der Krummstabgriff eines frühen Bischofs aus Walrosszahn, eine eindrucksvolle Schiffsbugbüste und aus der Ferne stammende Geschenke, so eine byzantinische Glasscherbe und ein Auferstehungsei aus dem russischen Kiew (Juni–Aug. tgl. 12.00–16.00 Uhr, sonst Mo. geschl.).

Umgebung: Skokloster (nordw.) an einem Seearm ist Schwedens prachtvollster Barockpalast, 1654 von Carl August Wrangel

Uppsala: Museum Gustavianum und Dom

erbaut. Erhalten blieb auch die Ausstattung mit einer Gemälde und Waffensammlung (Führungen Mai–Aug. tgl. sowie April und Sept.–Nov. Sa. und So. 12.00, 13.00, 14.00 und 15.00, Juni–Aug. auch 11.00 und 16.00, Sept.–Nov. Mo.–Fr. 13.00 und 15.00 Uhr). Dort auch ein Automuseum (Mai–Sept. tgl. 12.00–16.00 Uhr). Ende Juli Festspiele mit Mittelalterflair (Skoklosters Slott, 746 96 Skokloster, Tel. 018 386077, Fax 018 386446, www.skoklostersslott.se).

Rosersberg (südl.) war einst Sommerresidenz der Könige Karl XIII. und Karl XIV. Johan, mit einem der schönsten Empire-Interieurs Europas (1795–1825). Barocker und Englischer Garten (Führungen stdl. Mitte Mai–Aug. tgl. außer Mo. 11.00–15.00 Uhr).

ⓘ Sigtuna Turism, Stora Gatan 33, S-193 23 Sigtuna, Tel. 0859 80650, Fax 0859 80659, www.sigtuna.se

Uppsala ③

Schwedens viertgrößte Stadt (161 000 Einw.) war schon früh Residenz vorchristlicher Herrscher und Zentrum nordischen Götterglaubens, gerade deshalb dann Sitz des ersten Erzbischofs in Schweden. Schon 1477 wurde von der Kirche die Universität gegründet.

Sehenswert: In der schachbrettartig angelegten Innenstadt um Dom, Schloss und das altehrwürdige Universitätsgebäude, aber auch flussab des teils schiffbaren Fyrisån, drängen sich alte und neue Lehr- und Forschungsstätten. Der lichte **Dom** mit seinen beiden Turmnadeln, um 1260 begonnen, wurde 1435 eingeweiht. Er birgt den goldenen Reliquienschrein des hl. Erik (1579), vor der Reformation ein frommes Pilgerziel. Vom Mittelalter bis ins 18. Jh. wurden hier Schwedens Monarchen gekrönt. Die **Schatzkammer** birgt religiöses und weltliches Kunsthandwerk aus acht Jahrhunderten: das Schwert Gustav Adolfs, den Goldkelch Königin Christines, das goldene Kleid der dänisch-schwedisch-norwegischen Königin Margareta, erzbischöfliche Ornate aus dem 13. Jh. und die Gewänder, die die rebellischen Edelmänner Svante, Nils und Erik Sture trugen, als sie 1567 auf Befehl des Königs Erik XIV. auf Schloss Uppsala ermordet wurden (tgl. Führungen 8.00–18.00, So. nur 12.30 Uhr).

Die außen schmucklose, mächtige **Schlossburg** mit zwei runden Ecktürmen wurde Mitte des 16. Jh. von Gustav Vasa begonnen und erhielt 1757 ihre jetzige Form. Sie ist, mit dem historischen Reichssaal, Sitz des Regierungspräsidenten von Uppland, beherbergt aber auch das städtische **Kunstmuseum** (Juni–Aug. Führungen 13.00 und 15.00 Uhr), die Universitäts-Kunstsammlung und in den Gewölben ein Wachsfigurenkabinett um Gustav Vasas Epoche (Führungen).

Im alten Hauptgebäude der **Universität** von 1887 faszinieren die prachtvolle Vorhalle und Aula; auch hier sind weitere Kunstsammlungen untergebracht. Das **Museum Gustavianum** (17. Jh.), dem Dom gegenüber, besitzt besonders seltene Stücke: ein Bootsgrab mit

Mit einem Hauch Frankreich: der Botanische Garten in Uppsala

Helmen, Schwertern und Schilden aus dem 7. Jh., ein um 1740 von Anders Celsius selbst gefertigtes Thermometer und einen pagodenartigen Kunstschrank des 17. Jh. aus Augsburg, ein Universalmuseum en miniature (tgl. außer Mo. 11.00–16.00 Uhr). Die **Universitätsbibliothek** Carolina Rediviva (1817 bis 1841) baute auf den Schätzen Schwedens ältester, 1620 gegründeter Universitätsbibliothek mit u. a. 3500 m Handschriften auf und umfasst nun mehr als 5 Mio. Bände. Im Ausstellungssaal das Prunkstück: die Silberbibel, der Codex Argenteus des Bischofs Wulfila aus dem 6. Jh.; dazu Handschriften aus dem Mittelalter und die vom Reformator Olaus Magnus 1539 gezeichnete Carta Marina (Mo.–Fr. 9.00–20.00, Sa. 10.00–17.00, Mitte Mai–Mitte Aug. auch So. 11.00–16.00 Uhr).

TIPP

Drei Wege nach Gripsholm

Nach Gripsholm kann man per Wagen, Dampfer oder Zug fahren. Der Dampfer ›Mariefred‹ von 1903 fährt vom Anleger Klara Mälarstrand am Stockholmer Stadshus vom 3. Mai-Wochenende an. Bis zum 2. Juni-Wochenende nur Sa. und So., dann bis zum 3. Wochenende im Aug. tgl. außer Mo., an den drei folgenden Wochenenden wieder nur Sa. und So. Die Abfahrt erfolgt um 10.00, Ankunft Mariefred um 13.30 Uhr (Cafeteria, Reservierung für das Bordrestaurant ratsam); Rückfahrt um 16.30, Ankunft in Stockholm um 20.00 Uhr. Mit dem Wagen via Södertälje und E4, dann E20 direkt bis Mariefred oder besser nur bis Läggesta, wo von einem großen Parkplatz aus die Museumsbahn abfährt. Hier steigt man auch vom SJ-Schnellzug aus Stockholm um. Der 100-jährige Dampfzug hält gleich gegenüber Gripsholm, er holt auch die Dampferpassagiere vom Anleger ab. Zug- und Dampferfahrt kann man auch kombinieren. Dabei hilft Utflyktsbutiken in Stockholms Sverigehuset.

Neben dem nach Linnés Plänen von 1745 wieder hergestellten, botanischen **Linné-Garten** mit **Museum** (Linnégatan; Mai–Aug. tgl. 9.00–21.00, Sept. tgl. 9.00–19.00 Uhr) gibt es noch zwischen Dag Hammarskjölds- und Norrbyvägen den weitaus größeren **Botanischen Garten** mit über 10 000 Gewächsarten aus aller Welt. Er ist seit 350 Jahren Forschungs- und Unterrichtsstätte, ist mit u. a. Riesenseerosen im Gewächshaus (Mo. bis

Natürlich gelb: ›Restaurang‹ auf Djurö

Do. 9.00–15.30, Fr. 9.00–14.30, Sa. und So. 12.00–15.00 Uhr) und üppigen Freilandrabatten auch eine Augenweide.

Vier grasbewachsene, runde Hügel am Nordrand der Stadt, in **Gamla Uppsala**, sind letzte Zeugen einer heidnischen, noch immer rätselhaften Epoche. Drei davon sind Königsgräber der in Schweden Wendel genannten Ynglinger oder Svear aus dem 6./7. Jh.; ein abgeflachter Hügel war Gerichtsplatz – wahrscheinlich brachte man hier auch Menschenopfer dar. Das Christentum setzte dem Heidenkult schon 1050 eine erste Kirche entgegen. Reste eines zu dieser Epoche gehörenden heidnischen Tempels wurden unter dem Dom von Uppsala ausgegraben. Neben den Hügeln zeigt ein Historisk Centrum Ausgrabungsfunde und erläutert die Wikingerzeit (Mitte Mai–Aug. tgl. 11.00–17.00 Uhr, sonst kürzer). Im Gasthaus ›Odinsborg‹ neben den Hügeln kann man Met aus Kuhhörnern trinken. Benachbart ist auch das Uppländische Freilichtmuseum für bäuerliche Kultur **Disagården** (Juni–Aug. tgl. 10.00–17.00 Uhr, sonst kürzer).

Aktivitäten: In den Sommermonaten verkehrt, zeitweise unter Dampf, eine **Museumsschmalspurbahn** ab Ostbahnhof (Infos beim Turistbyrå und unter www.lennakatten.com).

Umgebung: Von Stockholm kommend, geht es am Verkehrskreisel kurz vor Uppsala rechts heraus und gut beschildert über stille Landwege nach **Linnés Hammarby**. Linné kaufte das kleine bäuerliche Anwesen 1758 und richtete es im Stil seiner småländischen Heimat ein. Der rechte Flügel, nun Café, ist mit Gras gedeckt. Das Haupthaus spiegelt noch einiges von seiner Lebensweise. Sein Arbeits- und Schlafzimmer tapezierte er beispielsweise mit Probeseiten aus dem Buch eines amerikanischen Kollegen ›Plantarum Americanum‹ – im dunkleren Bettraum sind diese Pflanzenzeichnungen kaum verblichen (Park Mai–Sept. tgl. 8.00–20.00, Museum und Café tgl. außer Mo. 12.00–16.00 Uhr).

Patriotisch geflaggt: Sandhamns ›Värdshus‹

ⓘ Uppsala Turistbyrå, Fyristorg 8,
S-753 10 Uppsala, Tel. 0187 274800,
Fax 0181 32895, www.uppsalatourism.se

STRÄNGNÄS ④

Auch in Strängnäs mit einem hochmodernen biotechnischen Zentrum interessiert der historische Stadtkern am See mit anheimelnden niedrigen Holzhäusern rund um die ›Domkirche‹.

Sehenswert: In der massigen **Kirche** (Urspr. 13. Jh.) das Grabmonument Karls IX. mit Pferd und Rittern und vergoldeter Rüstung, die Flügelaltäre im Hochchor und die liegende Statue der Prinzessin Isabella, die auf Schloss Gripsholm in Gefangenschaft geboren wurde und dort auch starb (Mai–Aug. tgl. 9.00 bis 18.00, Führungen 11.00 und 14.00 Uhr). Neben der Kirche ragen die Treppengiebel der **Roggeborgauf** , einst Bischofsresidenz (um 1500); vermutlich wurde Gustav Vasa hier im Reichssaal 1523 zum König ausgerufen – sommerliche Freilichtspiele erinnern daran. Ein Poet nannte **Gyllenhjelmsgata,** die zum Löwenportal der Kirche führt, ›Schwedens schönste Straße‹. **Grassagården** ist ein ansehnlicher alter Stadtbauernhof.

Umgebung: Über Fogdön und den Björsund und Fiholm mit einem zugänglichen Schlosspark nach Sundbyholm; von dort geht es zu Fuß zur Felszeichnung **Sigurdsristningen**. Westl. liegt die ›Messerstadt‹ **Eskilstuna**, seit Mitte des 17. Jh. für ihre Schmieden bekannt;

TIPP

Radeln um Mälaren

Rund um den Mälarsee führt der steigungs- und verkehrsarme Radweg Mälardalsleden. Er ist mit roten Schildern markiert. Für die gesamte Rundstrecke braucht man eine Woche, doch umfasst sie auch ein Netz von Seitenwegen, die teils über Fähren zu Binneninseln führen. Einen detaillierten Guide gibt es in den Touristbüros der Region oder über Svenska Cykelsällskapet in Stockholm, Tel. 08 7516204.

Infos

Herrliche Wandmalereien schmücken die Räume von Schloss Tureholm

die kräftige Strömung des gleichnamigen Flusses stellte über Wasserräder die benötigte Antriebsenergie bereit. Die ›Rademacherschmieden‹ (Rademachersmedjorna; Juni bis Aug. tgl. 10.00–16.00 Uhr, sonst kürzer und Mo. geschl.) erinnern an diese Tradition. Der Freizeitpark ›Parken Zoo‹ ist für seine Großkatzen, darunter auch weiße Tiger, bekannt (Mai–Aug. tgl. 10.00–16.00 bzw. 18.00, Sept. und Okt. Sa. und So. 10.00–15.00 Uhr).

ⓘ Strängnäs Turistbyrå, Grassagården, Kvarngatan 2, S-645 30 Strängnäs, Tel. 0152 29694, Fax 0152 29695, www.strangnas.se

Mariefred 5

Die kleine Stadt entstand nach Gründung der Burg Gripsholm durch den Reichsdrosten Bo Jonson Grip 1383, nach seinem Tod gehörte sie eine Zeit lang Königin Margareta, wurde schließlich als Ruine dem Kartäuserkloster Pax Mariae geschenkt – so erklären sich die Namen von Ort und Schloss. Gustav Vasa ließ den alten Bau 1526 vom deutschen Festungsarchitekten Henrik von Köllen zu einer schwer einnehmbaren Burg erweitern. Nochmals verfiel Gripsholm, dann veranlasste Königin Hedvig Eleonora, Witwe Gustav II. Adolfs, den Ausbau zur etwa heutigen Gestalt. 1744 wurde es Luise Ulrike zugesprochen, die jedoch das lieblichere Drottningholm vorzog und von dort zahlreiche ältere Gemälde nach Mariefred schaffen ließ.

Sehenswert: Diese Bilder waren Grundstock für die nun nationale **Porträtsammlung** im **Schloss**, ihr Anwachsen machte es notwendig, Werke ab 1800 auch in die einstige Schnapsbrennerei, dann Volkshochschule zu schaffen. Zu den bedeutenden Ölgemälden in Gripsholm gehören, außer eindrucksvollen Königsporträts, zwei Bilder von Lucas Cranach d. Ä. Der kunstsinnige Gustav III. ließ für seine Sommeraufenthalte nicht nur in Drottningholm, sondern 1781 auch hier in einem der Türme ein komplettes **Schlosstheater** einrichten (Jan.–April und Okt.–Dez. Sa. und So. 12.00–15.00, 1.–14. Mai und Sept. tgl. außer Mo. 11.00–15.00, 15. Mai bis Aug. tgl. 11.00–16.00 Uhr). Im Schlosshof zwei aufwändig gestaltete Bronzekanonen, die 1581 und 1612 von den Russen erobert wurden; vor dem Schlosstor sind mehrere Runensteine aufgestellt, ihre Inschriften auf Tafeln übersetzt. Das **›Gripsholms Värdshus‹** gegenüber, ursprünglich als Strumpffabrik erbaut, gilt als ältestes Gasthaus Schwedens. Das Informationszentrum im Ex-Rathaus zeigt im Entrée einen bebilderten Überblick über das Leben Kurt Tucholskys, der seit seinem Tod in Hindås 1935 auf dem nahen Friedhof am Fuß einer Eiche ruht.

ⓘ Mariefreds Turistbyrå, Rådhuset, S-647 30 Mariefred, Tel. 0159 29790, Fax 0159 29795, www.imariefred.nu

Altes Mariefred in Ochsenblutrot

Trosa 6

Bunte, alte Holzvillen beiderseits des schmalen Flusskanals, der hier in die Schären mündet, prägen den Ferienort, der im 18. Jh. als Seebad bekannt war. Schöne Spazierwege, Caféterrassen am Wasser und Bootsausflüge in die Schären.

Umgebung: Nördl. liegt das königliche Schloss **Tullgarn**. Der im 18. Jh. klassizistisch umgestaltete Renaissancebau war lange Sommerresidenz und Basis der PS-starken Offshore-Boote des jungen Carl Gustaf (15. Mai–Aug. tgl. 11.00–16.00, Sept. Sa. und So. 12.00 bis 15.00 Uhr). Westl. des Ortes **Tureholm**, ein herrschaftlicher Landsitz, auf dem sich Anfang des 18. Jh. der Landadel durch exotische Ausstattung in fernöstliche Welten träumte (Info durch Turistbyrå).

ⓘ Trosa Turistbyrå, Radhuset, Torget, S-619 22 Trosa, Tel. 0156 52222, Fax 0156 52223, www.trosa.com

TIPP

Wandern auf Sörmlandsleden

Für ein paar Tage – oder Wochen – lässt sich Mittelschwedens Natur und Kulturlandschaft auch erwandern. Der familienfreundliche Sörmlandsleden mit 100 Etappen auf 180 km ist die längste markierte Wanderstrecke Schwedens. Er führt mit vielen Seitenabstechern durch Wildmark wie Kulturlandschaft und zu historischen Stätten. Von der Stockholmer T-Bahn-Station Björkhagen landein über Södertälje, nicht weit an Mariefred vorbei nach Malmköping und von dort im Bogen wieder seewärts bis Nyköping. Einsteigen lässt sich also an vielen Stellen, überall gibt es Badeseen, geschützte Zeltplätze mit Grillmöglichkeiten oder einfache Zimmer in kleinen Orten (Info von Destination Sörmland, Nyköping, Tel. 0155 245900 oder Föreningen Sörmlandsleden, Tel. 0155 35564, www.sormlandsleden.se).

Nyköping 7

Die Hauptstadt des Södermanlands war historisch bedeutend und ist heute ein wichtiger Industriestandort.

Sehenswert: Aus dem 14. Jh. stammt **Nyköpingshus**, nach einem Brand 1665 wieder aufgebaut. Es dient heute auch als Regionalmuseum (Juni–Aug. tgl. 10.00–17.00, sonst tgl. außer Mo. 11.00–17.00 Uhr).

Umgebung: Stendörren nördl. von Oxelösund ist eines der meistbesuchten Naturreservate des Landes mit Wanderwegen, schönen Badeplätzen, Turmaussicht auf diese Schärenlandschaft. Ein Naturum erläutert Milieu und Lebensformen (Juni–Aug. tgl. 10.00 bis 18.00 Uhr, Mai und Sept. kürzer.).

ⓘ Nyköpings Turistbyrå, Stadshuset, Stora Torget, S-611 83 Nyköping, Tel. 0155 248200, Fax 0155 248136, www.nykoping.se

Schwedens Sommerträume

Kontraste mit viel Raum dazwischen kennzeichnen dieses Teilstück Schwedens. Flach und karg erstreckt sich die Ostseeinsel Öland vor der Küste Smålands. Hundert Kilometer ins Meer entrückt, ist Gotland eine Welt für sich. Und Bullerbü ist überall, das merkt man spätestens bei einer Reise durch die Wälder Smålands.

Ganz im Norden Gotlands, auf der Insel Fårö, stehen diese ›Raukar‹, Skulpturen von der Natur geschaffen.

▼ Hier ist Schweden: Stadtmauer von Visby ▲ Visbys Hafen und Marienkirche ▼ ›Schwatzende Weiber‹ holt der Teufel – mit Strichliste: Linde

▼ Mittelalterliche Vorstellungswelten am Kirchenportal in Gammelgarn

▲ Hoch ragt Liljeholmska Huset auf ▼ Alles fürs Urlauberherz: in Strandgatan

Sylt und Mallorca zugleich ist Gotland vor allem für Schwedens Hauptstadtbewohner, von Stockholm leicht zu erreichen und durch mehr Sonnenschein und ein ganz anderes Ambiente als der Schärengürtel mit fast mediterranem Flair ausgestattet. Bereits die Anreise per Fährschiff weckt solche Erwartung. Wie ein Amphitheater taucht die Hafenstadt Visby mit ihren Türmen und Ziegeldächern hinter Mauerbögen auf einem Kalksteinkliff aus dem Meer. Geschichtsträchtig ist diese größte aller Ostseeinseln, hatte sie doch einmal ähnliche Bedeutung für den Handel zwischen Norddeutschland, Schweden und dem Baltikum wie in der Antike Kreta für die Mittelmeeranrainer.

Zwischen Strand und Steinen

Der mittelalterliche Charme von Visby in seinem Mauerrund ist der erste Aspekt Gotlands. Allein die Kombination mit den Badeorten an kilometerlangen Stränden gleich in der Nachbarschaft könnte einen Inselurlaub füllen. Doch gibt es noch weit mehr, an Naturschönheit wie auch an Zeugen einer Besiedlung bereits in der frühen Steinzeit. Noch vor Ort sichtbar sind viele der Steingräber, ›rojr‹, aus dem Bronzezeitalter – der größte dieser Grabhügel ist acht Meter hoch. Von den ersten Jahrhunderten unserer Zeitrechnung blieben runde Kalksteinfestungen. An Ruinen hier und da lassen sich jüngere Epochen deuten. Und von den mittelalterlichen Kirchen sind noch 92 über die ganze Landschaft verstreut, ländliche ›Kathedralen‹, mit denen Gutsbesitzer Reichtum und fromme Eigenständigkeit sichtbar machen wollten.

Doch zurück zur Natur. Da gibt es an der stark modellierten Küste neben hellem Sand auch dunkle ›kullersten‹-, Geröllabschnitte, und ruinenhaft stehen ›raukar‹ da, von Salzwind und Wogen aus verschiedenen Gesteinsschichten gefräste Felsskulpturen, die oft an menschliche Gestalten erinnern. Wie ›Hoburgsgubben‹, einem alten Mann gleich, an der Südspitze oder ›Jomfruen‹, die Frauenfigur bei Lickershamn. Auch tiefe Grotten hat der Meißel der Jahrtausende in den Kalk gehöhlt, der heute von Zementfabriken verarbeitet wird.

▲ Früh übt sich – auf Visbys Mittelalterwoche

▲ Fischerhütten auf Fårö

▼ Blick vom Aussichtspunkt Högklint

▼ Am Strand von Tofta

▲ *Mittelalterwoche in Visby: Ritter fürs Auge, ...*

▼ *... Äpfel fürs leibliche Wohl*

Dort, wo der Kalksandstein bis an die Oberfläche reicht, bringt er im Mai und Juni einen Teppich von kleinen Orchideen zum Blühen. Und wo sich im Inselinneren mehr Erde ansammeln konnte, stehen verwunschene Wälder, in denen sich noch halbwilde Rudel der kleinen ›russ‹ genannten Gotlandpferde verbergen können. Auch die Gotlandschafe sind eine Rasse für sich. Und im Frühjahr und Herbst ist die Insel – ebenso wie auch Öland – Rastplatz nordischer und arktischer Vogelarten, zugleich auch Paradies für solche Vögel, die hier ihr Ziel bereits erreicht haben. Wie der Sprosser, ein Vetter der Nachtigall, der nur eine Spur weniger kunstvoll als diese trillert, dafür aber kräftiger im Ton.

SPECIAL

Die Zeit der Krebse

Anfang August, zur einstigen Fangfreigabe, fiebern die Schweden einer ›Kräftskiva‹ entgegen, dem rituellen Verzehren von Flusskrebsen in Kronendill, wie die Franzosen dem Beaujolais Nouveau. Lange waren diese Tierchen in heimischen Gewässern kaum noch anzutreffen, deshalb wurden die meisten ›kräftor‹ aus der Türkei, Kalifornien und sogar aus China nach schwedischem Rezept und tiefgefroren importiert. Doch jetzt gibt es wieder ›echte‹. Und immer noch sind laue Hochsommerabende der beste Zeitpunkt, sie gebührend zu feiern. Wenn man eingeladen wird: erst die Brühe lautstark aus dem Krebsbauch saugen, dann Scheren und Schwanz aufbrechen, nicht zu langsam, denn schon wird ein Gläschen Aquavit geleert und ein Lied dazu gesungen – manchmal gibt's auch Lampions, Lätzchen und Papiermützen zu diesem Fest.

Königliches Ferienziel Öland

Seit 1972 ist Öland durch eine 6007 Meter lange Brücke am småländischen Festland bei Kalmar verankert. Die fast 140 Kilometer lange, schmale Insel liegt im Gegensatz zu Gotland flach wie ein Surfbrett im Meer. Bei der Sonnenscheindauer ist sie der Rivalin aber manchmal noch ein paar Stunden voraus. Hauptanziehungskraft übt neben langen Stränden ›Stora Alvaret‹ aus, eine bizarre, einzigartige Heidesteppe auf Muschelsandstein. Bock-

▲ *An Ölands Ostküste: Ruine St. Brigitta an Kapelludden*

▲ *Ein Dorf wurde Freilichtmuseum: Himmelsberga*

▼ *Eketorp, die frühzeitliche Burg, wurde zum Teil rekonstruiert*

▼ *Öland, für Mühlen bekannt*

▲ Ölandsbron überspannt den Kalmarsund

▼ Attraktiver Sommersitz: Solliden

windmühlen, etwa 400 von einst 1000 stehen noch, nutzten die über dem flachen Land ungebremste Naturkraft.

Auch Öland ist übersät mit Vorzeitstätten. Die teils restaurierte Burg Eketorp im Süden ist größte ihrer Art im Norden, der Leuchtturm Lange Jan an der Südspitze höchster des Landes und die Schlossruine Borgholm größte Nordeuropas. Unweit davon, am Hang zum Sund versteckt, verbringt die königliche Familie traditionell ihre Sommerferien auf Schloss Solliden.

Die anderen Urlauber, mit Sack und Pack und gratis über die Brücke rollend, verteilen sich auf die Strände oder erkunden winzige Fischerdörfer und das auch hier Unerwartetes bietende Innere: so Mittlandsskogen, den längsten, zusammenhängenden Laubwaldgürtel Nordeuropas. Im äußersten Norden verbergen sich im verwunschen-verwachsenen ›Trollskog‹ vorgeschichtliche Fluchtburgen. Sogar ein paar ›raukar‹ gibt es hier, wenn auch nicht ganz so ausdrucksvoll wie auf Gotland.

Heimat bitterer Armut

Kalmar, wo die Brücke fußt, war einst Angelpunkt nordischer Geschichte. In der stolzen Sundfestung wurde der Vertrag geschlossen, der Schweden, Dänemark und Norwegen in einer Union vereinte. Doch Schweden löste sich ein gutes halbes Jahrhundert später wieder aus diesem Bund, erklärte seine Unabhängigkeit und verleibte sich auch das bis dahin zu Dänemark gehörende Schonen ein.

Kalmar ist der seeseitige Schlüssel zur urschwedischen Provinz Småland, wo sich Deutsche besonders gerne ihren Traum von einer rot-weißen ›stuga‹ erfüllen, tief im Wald, mit Bootssteg an einem Badesee. ›Smultronställe‹ nennen Schweden das – eine Walderdbeerenidylle. Vor etwa 150 Jahren mussten Zigtausende von Småländern diese Traumlandschaft wegen bitterer Armut verlassen. Eine schwere Zeit, an die sich das moderne, soziale Schweden zunächst gar nicht gerne erinnern wollte.

Insgesamt 1,3 Millionen – die Mehrzahl als besonders konservativ, fromm und familienverbunden geltende Smålander – kehrten bis 1930 ihrer Heimat den Rücken. Wie Armut und Emigration Traditionen und Konventionen zerbrachen, wie Leid,

▲ Architektur, passend zur Sommerfrische: Västerviks Warmbadehaus

▼ Alles dreht sich um Pippi: In ›Astrid Lindgrens Värld‹ wurde sie lebendig

▲ Aus Sevedstorp wurde Bullerbü – bei Lindgren

▲ *Hier sind nur Kinder passend: die ›Winzigkleine Stadt‹ von ›Astrid Lindgrens Värld‹*

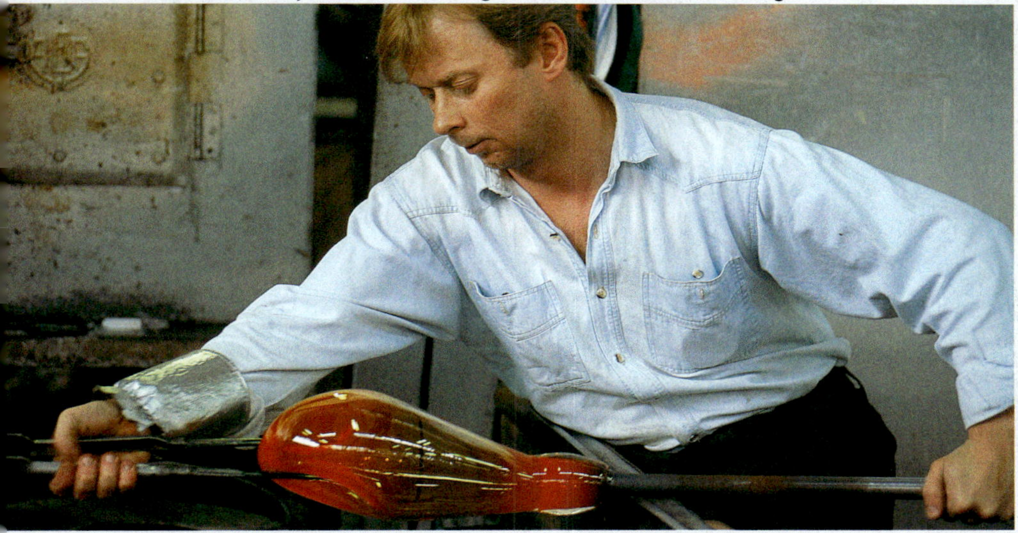

▲ *In Smålands ›Glasreich‹: Hütte in Kosta* ▼ *Am engsten Punkt des Sundes: Kalmars Festung*

Liebe und Leidenschaften die Menschen veränderten, trug der aus Småland stammende Schriftsteller Vilhelm Moberg in seinen Auswanderer-Romanen zusammen. Dafür wurde er zunächst heftig angefeindet. Zugleich aber halfen seine Erkenntnisse mit, den Bau des als ›Volksheim‹ gedachten Sozialstaats zu vollenden.

Zum Ende der Notjahre trug auch das wachsende Bewusstsein für zeitgemäß schöne Dinge des täglichen Gebrauchs bei, im heutigen Sprachgebrauch also Design. Glaskunst wurde auf einmal begehrt. Bereits Gustav Vasa hatte im 16. Jahrhundert einen venezianischen Glasbläser ins Land geholt, zu der 1742 in Småland gegründeten Kosta-Hütte gesellten sich weitere.

SPECIAL

Bullerbü ist überall

›Ja Himmel und Pfannkuchen‹, auch Pippi Langstrumpf wohnt in Småland! Eine gute Autostunde nördlich Kalmar soll diese aufmüpfige, rotzopfige Sommersprossengöre ihr (Un)Wesen treiben. Schon auf dem Weg dorthin meint man allenthalben ›ihr‹ Dorf zu entdecken, Schilder weisen nach Bullerby, Lönneberga und Sevedstorp, dem Bullerbü-Vorbild. Doch richtig nachempfunden sind die weltbekannten Erzählungen in ›Astrid Lindgrens Värld‹ bei Vimmerby, mit Villa Kunterbunt, Krachmacherstraße und Michels Katthult. In ländlichen Verhältnissen geboren, brauchte Astrid Lindgren (1907–2002) bis 1945, bis aus einer ihrer Tochter erzählten Geschichte der Erfolg ›Pippi Langstrumpf‹ wurde – doch dann folgte ein bekanntes Kinderbuch auf das andere. Publikumswirksam engagierte sich die småländische Bauerntochter vehement für den Tierschutz in ihrer Heimat und als ›Schwedin des Jahrhunderts‹ mit Rat und Tat für die Menschenrechte.

Qualitätserzeugnisse und Kunsthandwerk dieser bodenständigen Kleinindustrie haben längst internationalen Ruf erworben. Das ›Glasreich‹ der recht nahe beieinander und doch tief im Wald liegenden Hütten hat sich auch durch intelligente Selbstdarstellung zum Besucherziel entwickelt. Sogar Kinder finden hier fesselnden Zeitvertreib beim Zusehen, was aus einem glühenden Glastropfen werden kann.

Kisa
Vimmerby
Hultsfred
Västervik
Gamleby
Mariannelund
Oskarshamn
Döderhult
Högsby
Mönsterås
Alem
Kalmar
Nybro
Emmaboda
Karlskrona
Ronneby
Kallinge
Lyckeby
Torsås
Borgholm
Öland
Ölands norra udde
Ölands södra udde
Kalmarsund
Visby
Gotland
Fårö
Slite
Hoburgen
Stora Alvaret
Gröna vägen
Visby 2½–6½ h
Maßstab 1:850.000
0
15 km
Maßstab 1:900.000
0
15 km

Infos

›Michel aus Lönneberga‹: In ›Astrid Lindgrens Värld‹ mischen sich Realität und Theater

VIMMERBY ①

Astrid Lindgrens Bücher haben den typisch südschwedischen bunten Ort mit über 800-jähriger Geschichte und seine Umgebung weltbekannt gemacht. Die Kinderbuchautorin beschrieb die Landschaft Smålands, ihre Menschen und ihre kleinen Dörfer sehr eindringlich – allerdings unter anderen Namen.

Sehenswert: Im Vergnügungspark **›Astrid Lindgrens Värld‹** sind die bekannten Stätten wie Bullerbü, die Krachmacherstraße, Michels Katthult oder Ronjas Räuberburg für große und kleine Besucher aufgebaut. In der Winzigkleinen Stadt ist das Zentrum Vimmerbys auf Kindergröße ›geschrumpft‹ – ein wunderbarer Spielplatz. Auch ein Feriendorf mit Hütten gehört dazu (www.astridlindgrens welt.com; Mitte Mai–Aug. 10.00–17.00, Juni bis Mitte Aug. bis 18.00 Uhr). Schweden mit seinen Sehenswürdigkeiten überschaubar zu halten, das ermöglicht **›Lilla landet‹**. Das ›Kleine Land‹ präsentiert auf 60 000 m² Schwedens Highlights der Vergangenheit (www.lillalandet.com; Anf. Mai–Anf. Aug. 10.00–20.00, Aug. sonst bis 17.00 Uhr).

Umgebung: Nördl. Oskarshamn liegt **Stensjö**, ein Dorf aus dem 19. Jh. Die Königliche Akademie für Literatur, Geschichte und Altertümer machte es zu einem ›lebenden‹ Freilichtmuseum, in dem (fast) wie vor über 100 Jahren gelebt wird (tgl. geöffnet).

ⓘ Vimmerby Turistbyrå, V. Tullportsgatan 3, S-598 21 Vimmerby, Tel. 0492 31010, Fax 0492 13065, www.turism.vimmerby.se

GLASRIKET ②

Glas war Ende des 19. Jh. die Perspektive, die bittere Armut der Region zu bekämpfen. Der Wald lieferte den Brennstoff für die Schmelzöfen, die Flüsse die Antriebsenergie für die Schleifereien, und alte Erfahrungen in der Eisenverarbeitung waren die Basis für die Herstellung der benötigten Werkzeuge. Bis heute drängen sich in der Region die Hütten des ›Glasreichs‹: im Bereich der Straße 25 u. a. **Pukeberg** (Nybro), **Nybro**, **Boda Glasbruk**, **Åfors** (Eriksmåla), **Skruf** und **Bergdala**, an der 31 **Orrefors** und **Måleräs**, außerdem **Kosta** und **Sea** an der 28.

Sehenswert: Jede Hütte arbeitet mit namhaften Künstlern zusammen, aber auch Gebrauchsglas wird hergestellt – Tradition mit Visionen gilt es zu verbinden. Kunst und Haushaltsbedarf vereinen sich in schlichter Schönheit in den Erzeugnissen von Bergdala, klares Glas mit blauem Rand, wo auch die für Småland urtypischen Dickmilchschalen, ›filbunken‹ herstammen. Überall sehr preiswerter Direktverkauf.

Das ›Glasreich‹ bedient jeden Geschmack

Umgebung: Zwischen Orrefors und Kosta liegt **›Grönåsens Älgpark‹**, in dem man Elchen ganz nahe kommen kann. ›Älgshopen‹ verkauft Elchtrophäen, Elchlederartikel, Plüschelche und Elchwürste zum Selbergrillen am Ort (www.moosepark.net; Ostern–Okt. tgl. ab 10.00 Uhr).

ⓘ Glasriket Turism, Dunderbergsgatan 2, S-382 80 Nybro, Tel. 0481 45215, Fax 0481 45700, www.glasriket.se

KALMAR ③

Die Industrie- und Hafenstadt war bereits zu Wikingerzeiten Handelsplatz und ist damit einer der ältesten Orte Schwedens. Auf dem Schloss besiegelte 1397 die Dänenkönigin Margareta die ›Kalmarer Union‹ ihres Landes mit Norwegen und Schweden als Gegengewicht zur übermächtig gewordenen Hanse. Schweden verließ den Bund bereits 1448, zwischen Norwegen und Dänemark dauerte er bis 1814.

TIPP

Hering aus dem Glasofen

Die Hütten im Glasreich galten immer auch als geselliger Treff. War die Tagesarbeit getan, schoben die Glasbrenner einfache Gerichte in die Nachwärme: gesalzene Heringe (sill), Griebenwurst (isterband), Speckscheiben und Kartoffeln. Die Dorfbewohner kamen hinzu, und Landstreicher, die sich hier wärmen konnten, erzählten für eine Mahlzeit, was sie auf ihren Wegen gehört und gesehen hatten. Heute sind es Touristen, denen an langen Holztischen die gleiche deftige Kost angeboten wird, dazu Preiselbeeren, Butter, Brot, småländischer Käsekuchen, Kaffee und ›schäumende‹ Getränke sowie Spielmannsmusik auf alten Instrumenten. Diese Hyttsill-Abende gibt es zwischen Ende April und Ende Aug. fast täglich in Bergdala bei Hovmanstorp, Johannsfors, Kosta, Maleras und Orrefors (Anmeldung empfiehlt sich). In Bergdala ist auch Übernachtung in ehemaligen Glasbläserwohnungen möglich, in Orrefors und Kosta in Hotels (Info s. ›Glasriket‹).

Sehenswert: Unter Gustav Vasa und seinen Söhnen wurde die Sundfeste mit Ursprung im 11. Jh. zu einem **Renaissance-Wasserschloss** ausgebaut. Gemächer mit prächtigen Deckenmalereien und kostbaren Intarsienwänden. Auch Galionsfiguren werden gezeigt (Juli tgl. 10.00–18.00, Juni und Aug. tgl. 10.00 bis 17.00, April, Mai und Sept. tgl. 10.00 bis 16.00 Uhr). **Gamla Staden** am Schloss besitzt noch Holzbauten aus dem 17./18. Jh., **Kvarnholmen** Backsteinhäuser aus der Barockzeit.

Museen: Weitere Nautica im **Sjöfartsmuseum** (Södra Langgatan 81; Mitte Juni–Mitte Sept. 11.00 bzw. 12.00–16.00, Mitte Sept.–Mitte Juni So. 12.00–16.00 Uhr) und im **Kalmar Länsmuseum** mit u. a. einer Ausstellung über das königliche Schlachtschiff ›Kronan‹ (1676) und Funden von dessen Untergangsstelle (Skeppsbrogatan 51; Mitte Juni–Mitte Aug. tgl. 10.00–18.00, sonst Mo.–Fr. 11.00 bis 16.00 Uhr).

ⓘ Kalmar Turistbyrå, Ölandskajen 9, S-391 20 Kalmar, Tel. 0480 417700, Fax 0480 417720, www.kalmar.se

ÖLAND ❹

Schwedens zweitgrößte Insel (137 km lang, nur 4–16 km breit, 1347 km², 25 000 Einw.) ist durch eine 6 km lange Straßenbrücke mit dem Festland verbunden. Gleich am Brückenende gibt ein zentrales Reisezentrum ›Träffpunkt Öland‹ Aufschluss über Landschaft, Tier- und Pflanzenwelt, Orte und Unterkunft. Die Vermittlung von freien Zimmern ist vorbildlich.

Borgholm ❹: Kurz vor dem Hauptort rückt seewärts die mächtige **Schlossruine** in den Blick. Vom um 1570 errichteten Renaissance-Bau mit seinen Eckbastionen blieben nach einem Brand 1806 nur die hohen Mauern; es finden hier Ausstellungen und Konzertabende statt, und es gibt ein kleines Museum (April und Sept. tgl. 10.00–16.00, Mai bis Aug. tgl. 10.00–18.00 Uhr). Gleich nebenan, vom Parkplatz unsichtbar, steht das königliche Sommerschloss **Solliden**, bis 1906 in italienischem Stil für Königin Victoria erbaut; um ihre Büste aus rotem Kalmargranit an der Zufahrt weiden Kühe. Am Weg zur Königsresidenz – nur der Park steht Besuchern offen – die gemütlichen Holzhäuser von Kaffeetorpet. Am 14. Juli hat die heutige Kronprinzessin Victoria Geburtstag, für die Öländer eine Art Nationalfeiertag, bei dem Victoria und ihre Mutter Königin Silvia in Landestracht umjubelt werden.

Inseltour: Erste weite Sandstrände liegen nördl. Borgholm am **Köpingsvik**. In **Sandvik** steht die aus Småland hierher versetzte und mit 24 m Höhe größte Holländermühle Skandinaviens, etwas weiter nördl. bei **Jordhamn** die einzige noch erhaltene windbetriebene Schleif- und Poliermühle für Kalksteinplatten.

TIPP

Vier kleine Inseln

Robinson spielen für ein paar Stunden oder eine Nacht – auf den Nebeninseln von Gotland und Öland ist das möglich. Von Fårösund, aber auch von Nynäshamn aus fahren Schiffe zum 40 km nördl. gelegenen, flachen Eiland Gotska Sandön, einem Nationalpark, wo man in Stuga, Schlafsaal oder eigenem Zelt übernachten kann (Visby Resebyra, Tel. 0498 240450). Nach Stora Karlsön, einem Vogelberg vor Gotlands Westküste, geht es von Klintehamn; auch dort kann man die Übernachtung reservieren (Tel. 0498 240500). Zur Nationalparkinsel Blå Jungfrun vor Nordöland gibt es nur Tagesausflüge von Byxelkrok und Oskarshamn aus.

Im Park von Solliden jagt Diana

Im Fischerort **Byxelkrok** landet eine Autofähre aus Oskarshamn, einmal tgl. legen Boote ab zur als Nationalpark geschützten Granitinsel **Blå Jungfrun**. An der Ostküste der kilometerlange Sandstrand von **Böda**. Südwärts über die Gabelung bei Föra, berührt die Ostküstenstraße die Wiesenlandschaft Södra Greda löväng mit besonders vielfältigem Orchideenbestand. Bei **Gårdslösa** die längste Reihe der inseltypischen Bockmühlen, eine kürzere folgt bei **Lerkaka**. Zwischen Långtöt und Åstrad **Himmelsberga**, ein zum öländischen Heimatmuseum umgewandeltes Dorf mit dem Erscheinungsbild des 18. und 19. Jh. (Mai–Aug. tgl. 10.00 bis 18.00 Uhr).

In **Gårdby** beginnt die ›Vogelstraße‹, die sich bis zum Reservat Ottenby an der Südspitze hinzieht. Es ist von Küste zu Küste durch eine mannshohe Kalksteinmauer abgeteilt, die Karl X. Gustav als Grenze seines Jagdreviers aufschichten ließ. Ölands södre udde ist eine Hochburg der Birdwatcher; ganze Scharen von kundigen Beobachtern schleppen hier während der Vogelzugwochen großkalibrige Fernrohre umher. Es gibt getarnte Beobachtungsplätze und ein aufklärerisches Naturum (Ottenby; Ostern, Mai–Aug.). Der Blick vom 1785 errichteten Leuchtturm ›Långe Jan‹ (42 m) auf den hier allmählichen Übergang von Land zum Meer lohnt. Sein Gegenstück am Nordende, ›Långe Erik‹, ist nur 36 m hoch. Nordwärts schließt sich auf 50 km die eigenartige, ebenfalls geschützte Steppenlandschaft Stora Alvaret an. Ende Mai, Anfang Juni tupfen hier unzählige Orchideen den bald darauf ausgedörrten, nur mit dünnem Humus bedeckten Boden. Vom Gettlinge-Grabfeld gleich an der Straße 136 geht der Blick über alte Holzmühlen und eine Schiffssteinsetzung zu modernen Windflügeln im Sund. Auch einige der hier vorgefundenen Kistengräber hatten ›Fenster‹ mit Seeblick.

Am Südende der Insel liegt etwas landeinwärts die **Eketorps borg** aus dem 4.–10. Jh., heute als imposantes Teilstück rekonstruiert. Im Sommer wird sie mit altem Handwerk, Bräuchen und Gewändern, Veranstaltungen und frei umherlaufendem Getier wiederbelebt (Mai–Aug. tgl. 10.00–17.00 Uhr).

ⓘ Ölands Turist, Färjestaden, Box 74, S-38 621 Färjestaden, Tel. 0485 560600, Fax 0485 560605, www.olandsturist.se

GOTLAND ❺–❼

Früheste Siedlungsfunde auf der größten Ostseeinsel (176 km lang, 50 km breit, 3000 km²) reichen bis in die Steinzeit (um 5000 v. Chr.) zurück. Wohl schon seit der Bronzezeit (bis 500 v. Chr.) entwickelten die Gotländer oder Guten eigene Regeln des Zusammenlebens. In der Wikingerepoche (9. und 10. Jh.), das belegen Runentexte, hatten sie Handelskontakte südwärts bis Jerusalem, ostwärts über die Weichsel zum Schwarzen Meer und im Norden mit Island. Ein Gotenhof im russischen Nowgorod war sichere Reiseetappe. Im 12. Jh. gab es eine reiche Bauernrepublik mit dem Gutalag-Landrecht und einer beratenden Versammlung, dem Gutating. Erst nach der Christianisierung fassten deutsche Kaufleute Fuß und brachen das Osthandelsmonopol der Guten mit Pelzen gegen Seide, Dorsch und Robbenfleisch gegen Gewürze. Die erstarkende Hanse brauchte zu-

Votivbild von Robbenjägern in Fårös Kirche

nächst keinen Schutz vor fremden Flotten, wohl aber vor den Großbauern, die ihre eigenen Felle davonschwimmen sahen. So umfasst die Ringmauer um Visby auch nicht den Hafen, sie war als Wehr gegen inländische Angriffe gedacht. 1361 ließ Dänenkönig Atterdag ein Bauernheer vor den Wällen bis auf den letzten Mann niedermachen. Dann geriet die Insel in die Kämpfe um Schwedens Rückzug aus der Kalmarer Union. Die Hanse gab sogar Vitalienbrüder genannten Freibeutern Hafenrecht in Visby, die jedoch schließlich auch Lübecker Schiffe nicht verschonten. So zerstörten Hanse-Truppen zu Pfingsten 1525 das Seeräubernest und legten

Infos

Ein König der Wälder? Elchfamilie in ›Grönåsens Älgpark‹

fast die ganze Stadt mitsamt ihren Kirchen in Schutt und Asche. Als letztes Ausrufezeichen mittelalterlicher Pracht blieb nur die deutsche Gemeindekirche St. Marien verschont.

Tourismus gehört zu den wichtigen Wirtschaftszweigen. Den gut 57000 Einw. stehen jährlich 700000 Besucher gegenüber.

Visby ❺: Hauptattraktion ist die rund 11 m hohe und 3,5 km lange **Stadtmauer** mit 44 Türmen (Unesco-Welterbestätte, 13. und 14. Jh.). An Strandgatan die **Alte Apotheke**, einst hanseatisches Kaufmannshaus aus dem 13. Jh., **Liljehornska Huset** und andere Residenzen mit Treppengiebeln, Wand- und Deckenmalereien. Über die Stadt verteilt zehn Steinskelette der einstigen Kirchen, darunter St. Katarina, die ›schönste der Schönen‹, und die dem norwegischen Heiligenkönig geweihte St. Olof, wo Petrus de Dacia, der berühmteste Gotländer, Prior war. Einzig ›aktive‹ ist **St. Marien**, 1225 geweiht, dreitürmig und wiederholt umgebaut. Im vom Klima begünstigten **Botanischen Garten** von 1856 gedeihen sogar Mandel- und Maulbeerbäume. Rosenstöcke vor alten Häusern gaben Visby den Ruf einer Rosenstadt, aber erst durch Anlage eines **Rosariums** hat sie ihn gerechtfertigt. Ein historisches Museum ist **Gotlands Fornsal** in einem Hansehaus: Runensteine, Gold und Silber der Wikinger und ein Überblick über die Bauernkultur (Strandgatan 14; Mitte Mai–Mitte Sept. tgl. 10.00–17.00, Mitte Sept. bis Dez. tgl. außer Mo. 12.00–16.00 Uhr).

Landein moderne Wohnblocks und Reihenhäuser wie eine zweite Mauer.

Inseltour: Der Küstenlinie nach Norden folgend, ergeben sich sogleich Kontraste. Der **Galgenberg** mit seinen drei Steinpfeilern bietet schöne Rückschau auf die Stadt. Gleich darauf folgt **Snäckgärdsbaden** mit Schick und langem Sandstrand. **Lummelundsgrottorna** liegt an einem Küstenabbruch mit Tropfsteingängen und einem unterirdischen Fluss, der das große Mühlrad vor seinem Ausgang antrieb.

Vor dem modernen Fischereihafen **Lickershamn** der 15 m hohe ›rauk‹ einer ›jomfru‹. Die meisten dieser Strandpfeiler, härteres Gestein im vom Meer zernagten Kalk, ragen auf der der Nordspitze vorgelagerten **Insel Fårö** am Lauterhorn und bei Langhammarskammaren auf. Lange militärisches Sperrgebiet, ist diese ›Schafsinsel‹ nun auch für Nichtschweden zugänglich (Fähre über den schmalen Fårösund). In der Kirche des Ortes **Fårö**, 1859 umgebaut, Votivtafeln von Seehundsjägern.

Das **Bunge Kulturhistoriska Museum** ❻, von einem altertümlichen ›standtäun‹ umzäunt, zeigt in mehreren Gebäuden fast alles, was von ›gutnischer‹ Kultur bewahrt werden konnte (Mitte Mai–Aug. tgl. 10.00–17.00, Juli bis 18.00 Uhr). Das Moor-Reservat Fardumeträsk bei **Valleviken** bietet Waldlilien, Orchideen, Höckerschwänen und Zwergmöwen Lebensraum.

SPECIAL

Svenska Älger

Elche gibt es überall auf der Nordhalbkugel, doch sind sie nur in Schweden zum Charaktertier geworden. 300000 Elche leben hier – und sie vermehren sich so intensiv, dass der Abschuss von über 100000 Tieren pro Jahr genehmigt wird – ein Wirtschaftszweig ersten Ranges. Elchjäger zu sein erfüllt jeden Schweden mit Stolz. Mit rund 2 m Schulterhöhe und bis zu 800 kg Gewicht ist der Elch größtes Hirschtier der Erde, das bis zu 25 Jahre alt wird. Brunftzeit ist Sept./Okt., und acht Monate später werden meist zwei Kälber geboren. Auch wenn erwachsene Elche nur wenige natürliche Feinde zu fürchten haben, sind sie scheu und nicht leicht zu sehen – nur im Straßenverkehr entwickeln sie sich durch ihre Kurzsichtigkeit und ihre Größe zu einer echten Gefahr; jeder fünfte Unfall in Schweden geht auf ihre Rechnung.

Ljugarn ❼ ist größter Strandbadeort. In der Nähe liegt landein Torsburgen, mit 1,5 km Durchmesser die größte aller vorgeschichtlichen Wehrwerke Schwedens mitten im Wald. Etwas weiter südl. beim idyllischen Hafenplatz **Ronehamn** der Grabhügel Uggarderojr. Kalkstein wird aus Burgsvik verschifft. Vor **Tofta** südl. Visby erstreckt sich der beste Sandstrand.

Zu den schönsten **›Bauernkathedralen‹** gehören die Kirchen in Gammelgarn (bei Torsburgen) und Bro (nordöstl. Visby) mit ihren schön gestalteten gotischen Prachtportalen, Barlingbo (westl. Visby) mit einem ungewöhnlichen Taufstein und mittelalterlichen Malereien, weiterhin im Norden Stenkyrka Hejnum, Endre und Gothem, in der Inselmitte Roma, Garde, Lye, Stanga und Linde (›Schwatzende Weiber‹) und im Süden Hablingbo, Grötlingbo und Fide mit Bildserien an den Außenmauern.

Veranstaltung: Anfang Aug. findet die **Mittelalterwoche** mit Musik-, Kunst- und anderen Veranstaltungen statt.

Fähren: In knapp 5 Std. erreicht die Fähre von Nynäshamn südl. Stockholm aus die Insel; die Überfahrt von Oskarshamn dauert 4 Std. (Info durch Destination Gotland, Box 1234, S-62123 Visby, Tel. 0771223300, www.destinationgotland.se).

ⓘ Turistbyrå, Hamngatan 4, S-62125 Visby, Tel. 0498201700, Fax 0498201717, www.gotland.info

Langsam wird aus Land Meer: Gotlands Südspitze bei ›Hoburgsgubben‹

Schonens eigene Welt

Nirgendwo ist Schweden Europa näher als in Schonen, das an den Öresund grenzt. Hier ist es nur ein Katzensprung nach Dänemark, zu dem der südlichste Süden Schwedens über Jahrhunderte gehörte und dessen Landschaft Schonen so ähnlich ist. Alte Festungen blicken über Strände, von denen keine Gefahren mehr drohen und die mittlerweile fest in Urlauberhand sind.

Schwedens Brücke nach Europa: Öresundbron zwischen Malmö und Kopenhagen.

▲ Marinemuseum in Karlskrona: Leben an Bord eines Kriegsschiffes ...

▲ Karlskrona ist Schwedens Marinebasis

▼ ... und Galionsfiguren

▲ Helsingborgs Rathaus blickt auf die Fähren

▼ Auf der Halbinsel Kulla liegt der kleine Badeort Mölle

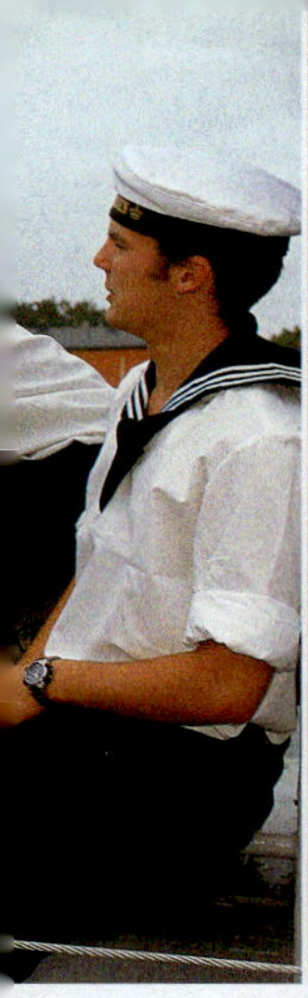

▲ Hinter romantischer Szenerie wartet harte Arbeit: Fischerei an der Hanöbucht

▼ Eine kilometerlange Sandsichel ist die Hanöbucht – hier südlich Åhus

Alle kurzen Wege nach Schweden führen nach Schonen, der südlichsten Provinz. Einer großen Halbinsel gleich, zwischen Ostsee, Öresund und Kattegat, mit roten Steilkliffs und weißen Sandstränden, einem welligen Bauernland mit geradezu ›provenzalischer‹ Esslust und Lebensfreude. ›Nichts für Leute, die lagom sind‹, sagen die Einheimischen und meinen damit die ›anderen‹ Schweden, denen lagom, eine Lebensweise von beruhigendem Gleichmaß Leitlinie ist. Diese ›anderen‹ wiederum machen sich gern lustig über die Skåninger, die nicht einmal ›richtiges‹ Schwedisch sprechen. Nun ja, so wie das wohl auch Norddeutsche von Bayern denken. Man stutzt ja selbst, wenn drüben die Travemünde-Trelleborg-Fähre von ›Te-Te‹- zur ›Taj-taj‹-Linie wird.

Wo beginnt Europa?

Dänisch ist diese breite Mundart auch nicht, obwohl der Landstrich immer wieder mal zu Dänemark gehörte. Damals gab es ständig Zwist um den Öresund, das strategisch bedeutsame Nadelöhr für den Ostseehandel. Seit dem Weltkriegsende hat diese Meerenge durch die wachsende Armada hin- und herpendelnder Fähren kaum noch Trennendes. Und seit 2000 ist Schweden über Öresundsbron auch auf dem Landweg zu erreichen.

Doch trotz EU-Mitgliedschaft und obwohl der Euro neben der Schwedenkrone problemlos akzeptiert wird, kann es noch eine Weile dauern, bis ›Europa‹ nicht mehr erst in Kopenhagen beginnt. Allmählich nimmt die Vision einer sundübergreifenden ›Örestad‹ aus Kopenhagen, Malmö, Landskrona, Lund und Helsingborg Gestalt an.

Unter Dänenkönigin Margareta hatten die drei skandinavischen Länder als Kalmarer Union schon einmal ein Reich gebildet – für kurze Zeit und bis sich die schwedischen Bauern gegen ihren zum König ernannten Großneffen Erik von Pommern erhoben. Er hatte zu kostspielige Kriege gegen Hanse und Holstein geführt. Unter den Söhnen Gustav Vasas festigte das neue schwedische Erbkönigtum seine Selbstständigkeit, und im Dreißigjährigen Krieg wurde es unter Gustav II. Adolf die führende ›Großmacht‹ im Norden.

▲ Die Astronomische Uhr im Dom von Lund

▲ Renaissance-Dekoration überzieht Malmös Rathaus

▼ Hinter Mälmös ›Inre Hamnen‹ ragt St. Petri auf

▲ Malmö: Im Knutsaal des Rathauses traten einst einflussreiche Gilden zusammen

▲ Lunds Universitätsbibliothek

▼ Malmö: Hedmanska Gården an Lille Torget

Schonen ist anders

Fachwerkbauten, gelb verputzt – schon das ist ein Kontrapunkt zu den ochsenblutroten, weiß gekanteten Holzhäuschen weiter nordwärts. Weiß gekalkte Kirchen mit Treppengiebeln, Storchennester, Gänsescharen, grellgelbe Rapsfelder im Mai, dazwischen behäbige Klöster, Schlösser und Herrensitze mit Parks und Gärten südländischer Üppigkeit noch aus dänischen Zeiten. Aber auch schräg über diese wellige Kornkammer Schwedens hinweg fünf waldige Höhenzüge – sogar einen über mehrere Stufen springenden Wasserfall gibt es in dieser als platt geltenden Region.

Und an das ›Glasreich‹ der Nachbarprovinz Småland grenzt ein ›Steinreich‹ mit dem seltenen tiefschwarzen Diabas-Granit, der im Erdgeschoss des New Yorker Empire State Building vermauert wurde und Bildhauer aus aller Welt nach Schonen lockt.

SPECIAL

Sommerflaggen

Zu fast jedem Sommerhaus Schwedens gehört ein Fahnenmast. Wenn dort blau-gelb eine Flagge oder ein Wimpel weht, heißt das nicht unbedingt, dass sie zu einem Feiertag gehisst wurde. Zwar gibt es einen solchen ›Flaggans Dag‹ seit 1983 auch, am 6. Juni. Doch sonst will die Flagge nur sagen: Die Bewohner sind anwesend, der Wimpel ›wir sind da, aber gerade unterwegs‹. Lokalpatriotische Schoninger ziehen auch gerne eigene Fahnen hoch: das gelbe Schwedenkreuz auf dänisch-rotem Grund.

Gedrängte Welt am Öresund

Der Öresund ist immer noch die wohl meistbefahrene Wasserstraße der Welt. Der kilometerweite Lichtfinger des Leuchtturms auf Kullaberg auf rotem Fels signalisiert seinen Eingang. Kurz vorher, beim Tennisort Båstad, endet Göteborgs ›Riviera‹ mit sommers dicht bevölkerten Sandstränden. Im Süden markiert die flache, weit ins Meer gestreckte Sandzunge bei Skanör und Falsterbo den Ausgang aus dem Nadelöhr, den Beginn der Ostsee. Die Küstenlandschaft erinnert an deutsche Nordseeinseln oder an dänische Strände.

▲ Höganäs ist eine Keramikhochburg: in der ›Höganäs Saltglaserat‹

▼ ›Norrvikens Trädgårdar‹ ist ein Gartenmuseumspark

▲ In ›Norrvikens Trädgårdar‹ bei Båstad

▼ Typischer Schonen-Bauernhof bei Ystad

▲ Schonens Kirchen haben Wehrcharakter: Vitaby bei Kivik ▼ Lachsangler in Mörrumsån

Schmale Fischerdörfer wechseln mit breiten Sandstrecken – ob die kleinen, längst überwucherten Küstenbunker wohl die befürchtete Landung deutscher Truppen hätten abwehren können?

Inmitten des bis zu den Meerwiesen reichenden Feldermosaiks liegt Ystad, durch den eigenbrötlerischen Kommissar Wallander des Bestsellerautors Henning Mankell in recht düsteren Farben bekannt geworden. An einem sonnigen Sommertag, mit Blumenmarkt vor der St. Maria Kyrka und den Stock- und Kletterrosen an den bunten, flachen Häuschen in den Kopfsteingassen, kann man sich die jeden Krimi Mankells überlagernde Tristesse des schwedischen Alltags gar nicht vorstellen. Aber mit einem gelben Faltblatt in der Hand lässt sich allen Schauplätzen seiner Bücher nachspüren.

Auf den Spuren des Genusses

Österlen heißt die Landschaft, die gleich hinter der Dünenstrecke von Sandhammaren beginnt. Hier setzen nicht nur weitere Fischerhäfen und Badeorte farbige Akzente an der Küste, sie sind mit ihren Ateliers und Galerien Schaufenster einer Schar von Künstlern, die an der weit geöffneten Hanöbucht schon seit einem Jahrhundert ein besonderes Licht und Arbeitsklima finden.

Im Herbst, wenn die aus dem atlantischen Sargassomeer zurückkehrenden Aale in die langen Trichternetze gehen, ist es hier Zeit für eine Alagille, einen fetten Festschmaus aus bis zu sieben Aalgerichten. Doch auch Atlantiklachse steigen hier in die ja nur kurzen Flüsse: Die Stromschnellen von Mörrum bei Karlshamn sind Inbegriff des Anglerglücks. Meist braucht man nicht lange zu warten, bis ein kapitaler Fang gekeschert und in eine der vielen stillen ›stuga‹ und Pensionen in Innerschonen gebracht wird. Für ein delikates Ferienerlebnis.

Skåne pur sind schließlich jene zuweilen noch altmodisch ›Gästgifveri‹ genannten gemütlichen Gasthäuser aus dem 18. Jahrhundert, die weitsichtige Dänenkönige an den alten Überlandstraßen errichten ließen, als Rastplatz für Mensch und Pferd. Eigentlich müsste man dort in der Kutsche vorfahren ...

Halmstad
Helsingborg
Helsingør
København
Malmö
Lund
Landskrona
Trelleborg
Ystad
Kristianstad
Hässleholm
Karlshamn
Karlskrona
Ronneby
Sölvesborg
Bromölla
Simrishamn
Ängelholm
Laholm
Markaryd
Älmhult
Tingsryd
Osby
Höör
Hörby
Sjöbo
Eslöv
Kävlinge
Svedala
Skurup
Olofström
Kallinge
Lyckeby
Nybro
Laholmsbukten
Skälderviken
Hanöbukten
Pukaviksbukten
Lommabukten
Køge Bugt
Östersjön
Baltic Sea
Blekinge
Maßstab 1:750.000
0
10 km
78
56

Helsingborg ①

Trotz des Brückenschlags hat das Kommen und Gehen der Roll-on-Roll-off-Fähren an der schmalsten Stelle des Öresunds (4,5 km) zwischen dem dänischen Helsingør und dem schwedischen Helsingborg nicht nachgelassen; 14 Mio. Passagiere im Jahr nutzen diese Verbindung. Seit einiger Zeit schon präsentiert sich die ›Perle des Öresunds‹, mit Stadtrecht von 985, als Anlaufstelle für Kreuzfahrtschiffe.

Sehenswert: Den Hafen säumt ein weißsilbriges, skulpturales **Kunstzentrum** als Bindeglied zum Ortszentrum (Dunkers Kulturhus; Mai–Dez. tgl. außer Mo. 10.00–17.00, Do. bis 20.00 Uhr). Bereits 600 Jahre steht **Kärnan**, Rest einer Sundfeste, und 34 m hohes Gegenstück zum ›Hamletschloss‹ Kronborg an der dänischen Küste (Juni–Aug. tgl. 11.00 bis 19.00 Uhr, sonst kürzer). Der Ziegelfachwerkbau **Jacob Hansens Hus** wurde 1641 erbaut (Norra Storgatan 21). In echter dänischer Ziegelgotik ragt **Mariakyrkan** auf, mit ihrem Flügelaltar (um 1400) und Silberschatz im Sakristeikeller; der Deutsche Dietrich Buxtehude war hier im 17. Jh. Organist. Ein neugotisches Paradestück ist das **Rathaus** (1897) mit seinem 65 m hohen Turm, von dem aus mehrmals am Tag ein Glockenspiel erklingt. Im Süden der Stadt liegt **Ramlösa brunnspark**, im 18. und 19. Jh. Mineralwasserkurort; Ramlösa ist heute schwedischer Inbegriff für Mineralwasser.

Steingut machte Höganäs bekannt

Museen: **Fågelparken** (Rausvägen 671) präsentiert Gefiedertes aus aller Welt (Mitte Mai bis Sept. Do.–So. 11.00–18.00 Uhr), **Fredriksdals friluftsmuseum** (Hävertgatan) um ein Herrenhaus von 1787 vergangenes bäuerliches Leben aus Skåne (Juni–Aug. tgl. 10.00 bis 19.30 Uhr, sonst kürzer).

Umgebung: Das Sommerschloss **Sofiero** (1865) wurde von König Gustav VI. Adolf und Königin Margareta ab 1909 am Küstenhang mit einem Rhododendronpark bereichert, in dem nun im Mai/Juni 10 000 Rhododendren von über 100 Arten blühen (Mai–Sept. tgl. 10.00–18.00 Uhr, sonst kürzer).

Jeder kann mitgestalten: Treibholzskulptur ›Nimis‹ auf der Landspitze Kullaberg

Nördl. auf der Halbinsel Kullen liegen der für sein Gebrauchssteingut bekannte Keramikort **Höganäs** (Werksverkauf), der an Hamburg-Blankenese erinnernde Badeort **Mölle** und das **Kullaberg-Naturreservat** um den Leuchtturm, an der Geröllküste der anderen Seite das ständig wachsende Treibholz-Kunstwerk ›Nimis‹.

Weiter nördl., auf der nächsten Halbinsel, ist bei Båstad der verwirklichte Traum des Gartenarchitekten Rudolf Abelin zu finden: **Norrvikens Trädgårdar** mit einem kleinen ›Schlösschen‹ (Restaurant).

Südl. Helsingsborg liegt **Landskrona** mit seiner Renaissance-Küstenzitadelle aus dem 16. Jh. mit dreifachem Wallgraben. Vom Stadhus Schiffsausflüge zur Sundinsel Ven.

ⓘ Helsingborgs Turistbyra, Stortorget/ Södra Storgatan 1, S-25278 Helsingborg, Tel. 042104350, Fax 042104355, www.helsingborgsguiden.com

Lund ②

Etwas landein liegt Südschwedens einstiges Kirchen- und Kulturzentrum, 1020 gegründet und ab 1060 Bischofssitz. Die Universität besteht seit 1668, sie wurde 1985 um ein Hightech-Forschungszentrum erweitert.

Lunds Universität und die Domkirche

Sehenswert: Das größte romanische Gotteshaus Nordeuropas ist **Domkyrkan**, 1145 eingeweiht, mit gewaltiger Astronomischer Uhr aus dem 14. Jh., zweimal tgl. treten die von ihr gesteuerten Könige und Ritter aus der Fassade, um Maria und dem Jesuskind zu huldigen (Mo.–Fr. 8.00–18.00, Sa. und So. 9.30–17.00/18.00, Spielwerk tgl. um 12.00 und 15.00, So. 13.00 und 15.00 Uhr).

Museum: Das Freilichtmuseum **Kulturen** vereint über 30 Gebäude aus Südschweden (Tegnérsplatsen; April–Sept. tgl. 11.00–17.00 Uhr).

ⓘ Lunds Turistbyrå, Kyrkogatan 11, S-22122 Lund, Tel. 046355040, Fax 046125963, www.lund.se

Malmö ③

Als dritte Festung nach Helsingborg und Landskrona bewachte die Schlossburg Malmöhus den Öresund. Die heute drittgrößte Stadt Schwedens (230 000 Einw.) ist einer der wichtigsten Industrie- und Handelsstandorte des Landes.

Sehenswert: Die **Altstadt** ist noch mit Wassergräben umgeben. Dort liegt auch **Stortorget** mit **Kockska Huset**, ein Bürgermeisterhaus, und **Apoteket Lejonet**, beide aus dem 16. Jh.; ältestes Bauwerk der Stadt ist die im 14. Jh. nach Vorbild der Lübecker Marienkirche erbaute **St. Petri** beim Renaissance-Rathaus von 1546. **Lilla Torget**, der lebhafte kleine Markt von 1591, ist von alten Gebäuden umgeben, darunter **Hedmanska Gården**, ein Handelshof aus dem 16. Jh. mit dem Form Design Center. Über 450 Jahre alte Häuser auch im Viertel St. Gertrud.

Museen: 1434 ließ Erik von Pommern hier ein erstes Kastell bauen; 1530 wurde es von Christian III. zum **Renaissanceschloss** umgebaut und beherbergt heute diverse Museen

Malmö: In Hedmanska Gården an Lille Torget ist das ›Form Design Center‹ untergebracht

SPECIAL

Öresundsbron

Mit ihren klaren, lichten Linien ist die Brücke über die Meeresstraße ein Megamonument skandinavischen Designs. Mit der weltweit längsten Schrägseilbrücke dockte Schweden nach seinem EU-Beitritt auch verkehrstechnisch an Europa an. Das Rekordbauwerk dient sowohl dem Straßen- wie dem Schienenverkehr, lässt mit fast 60 m Durchfahrtshöhe auch große Schiffe passieren und behindert trotz seiner vielen Pfeiler nicht den Wasseraustausch zwischen Nord- und Ostsee. Die eigentliche Brücke spannt sich vom schwedischen Brückenkopf bei Malmö mit zwei Decks für Kraftfahrzeuge und Eisenbahn über 7,8 km zu einer 4,2 km langen, im Sund aufgeschütteten Insel. Schiene und Straße verschwinden dort in einem 3,7 km langen, Stück für Stück mit Satellitenhilfe punktgenau im Meer versenkten Tunnel, der am Kopenhagener Flughafen Kastrup endet. Die bis zu 140 m langen Brückenelemente wurden in Spanien montiert und auf Spezialschuten zum Bauplatz geschleppt (Mautgebühren für Kfz; Kundenservice Tel. 0046/40223000, www. oeresundsbron.com).

(Kunstmuseum mit einer der größten Sammlungen zeitgenössischer nordischer Kunst, schonenhistorisches Stadtmuseum, Naturhistorisches Museum und, gegenüber, Technik- und Seefahrtsmuseum auch mit Straßenbahnen, Autos und Flugzeugen; Juni bis Aug. tgl. 12.00–16.00 Uhr, sonst kürzer).

Umgebung: Südl. des Autobahnrings liegt die Halbinsel **Falsterbonäs**. Herrliche Strände, Vogelschutzgebiet und noch schmucke Reihenhäuser nach dänischer Art in **Skanör**.

ⓘ Malmö Turistbyrå, Centralen (Hauptbahnhof), Skeppsbron, S-21120 Malmö, Tel. 040341200, Fax 040341209, www.malmo. se. Aktuelle Touristeninformation und Hotelreservierung auch im Fachwerkhof Skånegården am Fuß der Öresundbrücke/E 20

Trelleborg ④

Hier fängt für Fährpassagiere aus Travemünde, Rostock und (seit 1909) Sassnitz Schweden an. Die südlichste Stadt Schwedens wurde bereits im 12. Jh. gegründet.

Sehenswert: Gleich zwischen Hafen und dem Marktplatz Stortorget mit Wasserturmcafé gibt das **Sjöfartsmuseum** Einblick in die maritime Vergangenheit der Stadt (Hamngatan 10; Di.–Fr. 10.00–16.00, Sa. 10.00–14.00 und So. 14.00–16.00 Uhr). Westl. davon die Reste einer Ringburg, der einzigen Wikingerfestung auf schwedischem Boden; vermutlich ließ sie der Däne Harald Blauzahn vor gut 1000 Jahren errichten. Ein Teil dieser **Trelleborg** wurde rekonstruiert (Bryggaregatan, tgl. 10.00–17.00 Uhr).

Umgebung: Gleich an der nordwärts führenden Küstenstraße liegt **Smygehuk** mit Schwedens südlichstem Festlandleuchtturm (17 m; 1883); am kleinen Hafen gibt es Fischräuchereien.

ⓘ Trelleborgs Turistbyrå, Hamngatan 9, S-23142 Trelleborg, Tel. 0410733320, Fax 041013486, www.trelleborg.se

Ystad ⑤

Die vor allem durch junge Familien wachsende Stadt hat Fährverbindung mit Polen und Bornholm. Der Stadtgrundriss entspricht noch fast dem um 1750, mangelnde Wirtschaftskraft führte zum Erhalt der alten Bausubstanz.

Sehenswert: Fast 300 alte **Fachwerkhäuser** vor allem um die Besökaregränd und um Tvättorget. **Pilgrimsgården** ist das wohl älteste Fachwerkhaus des Nordens. Ein lebhafter Markt auf Stortorget vor **St. Maria Kyrkan** mit einem Mittelschiff aus dem frühen 13. Jh. und reichem Barockdekor (zzt. wegen Renovierung geschl.); von 21.00 bis 3.00 Uhr früh bläst ein Turmwächter noch viertelstündlich ins Horn. Das von Franziskanern 1267 gegründete **Gråbrödraklostret** (bis Ende 14. Jh.) ist neben Vadstena (s. S. 91) die besterhaltene Klosteranlage Schwedens mit Klostergarten (Hospitalsgatan 4).

Mit Hilfe eines Faltblatts mit Stadt- und Umgebungsplan kann man 27 Stationen des Kommissars Kurt Wallander aus Henning Mankells Kriminalromanen nachspüren (auch Führungen).

Umgebung: Am Meer und Wiesenhügeln entlang geht es zur Steinsetzung **Ale Stenar** bei Kåseberga. Eine noch in den 1950er-Jahren versandete, frühgeschichtliche Kultstätte, jetzt wieder herausgearbeitet mit 58 teils wieder aufgerichteten, teils ergänzten, teils über 3 m hohen Steinen. Die 67 m lange schiffartige Formation auf einer sanft zum Meer hin abfallenden Löwenzahnwiese war vermutlich Versammlungsplatz wie auch Zeitmesser und astronomischer Beobachtungsort: Zur Sommersonnenwende geht die Sonne genau über dem Nordwestbug der Schiffsform unter. Ale bedeutet Eselsrücken, möglicherweise auch Heiligtum – also nicht Ales stenar, die Steine einer mythischen Person Ale.

Das Flugsandgebiet **Hagestad** bei Sandhammaren ist Naturreservat.

In den Restaurants um **Skillinge** wird Ende Mai Spargel auf Skåne-Art serviert.

ⓘ Ystads Kommun Turistbyrå, St. Knuts Torg, S-27142 Ystad, Tel. 0411577681, Fax 0411555585, www.ystad.se

Simrishamn ⑥

Simrishamn, Hauptort der Landschaft Österlen, war Heringshafen zur Hansezeit, dann Umschlagplatz für Getreide und ist heute größter Fischereihafen Schwedens an der Ostsee. Mit seiner maritimen Atmosphäre ein beliebter Urlaubsort.

Museen: Der Region ist das heimatkundliche **Österlens museum** im Zentrum gewidmet

SPECIAL

Die Sternguckerinsel

Ein schwedischer Außenposten im Öresund ist die Insel Ven, dänisch Hven, Auf der Höhe dieses Restes einer vorzeitlichen Landverbindung baute der Astronom Tycho Brahe, der später in Prag mit Johannes Kepler die Planetenbahnen erforschte, ab 1576 ein Schloss und ein teils unterirdisches Observatorium, Stjärneborg. Teile dieser Anlage sind rekonstruiert. Bootsverbindung von Landskrona und vom Fischerdorf Raa bei Helsingborg.

Infos

(Juni–Mitte Aug. Mo.–Fr. 10.00–18.00, Sa. 10.00–14.00 Uhr, sonst kürzer). Landein das um 1500 errichtete massige Burghaus **Glimmingehus** mit bis zu 2,50 m dicken Mauern (Juni–Mitte Sept. tgl. 10.00–18.00 Uhr, sonst kürzer).

Umgebung: Richtung **Kivik** beginnt, gleich hinter dem Stenshuvud-Nationalpark mit einem fast 100 m hohen Granitkliff über den Stränden, Schwedens ›Apfelreich‹. Ende Mai ist die ganze Gegend ein weiß-rosa Blütenmeer. Fast jeder zweite Apfel, der in Schweden gegessen wird, stammt aus dem Raum Kivik. ›Äpplets Hus‹ erklärt alles vom Schössling bis zu den Fertigprodukten (Juli und Aug. tgl. 9.00–18.00 Uhr, sonst kürzer). Beim Apfelmarkt Ende Sept. entsteht das größte, nur aus verschiedenfarbenen Äpfeln ›gemalte‹ Bild; im Juli volkstümlicher, in ganz Schweden bekannter Jahrmarkt.

In **Kungagraven**, einem begehbaren Hügelgrab aus der Bronzezeit, Felsplatten mit rätselhaften eingeritzten Motiven (Mitte Mai bis Mitte Aug. tgl. 10.00–18.00 Uhr).

Landeinwärts bei Hallemölla nahe Brösarp fällt ein 29 m hoher **Wasserfall** über fünf Stufen des Verkaå, ein fast 10 m hoher bei Forsaker nahe Degeberga, beide an den Ausläufern des Höhenrückens Linderödsåsen.

Am Nordende der sandigen Hanöbucht liegt das teils industriell, teils noch altertümlich anheimelnd geprägte **Åhus**, ein Zentrum des herbstlichen Aalfangs. Die traditionelle ›Ålagille‹ inszeniert dann u. a. der ›Gästgivaregard‹ von 1737 am inneren Hafen (Gamla Skeppsbron). Der klare Getreidekorn ›Ahus Absolut‹, der den fetten Aal besser vertragen lässt, wird von hier weltweit verschifft.

ⓘ Turistbyrå, Tullhusgatan 2, S-272 21 Simrishamn, Tel. 0414 819800, Fax 0414 16364, www.turistbyra.simrishamn.se

Kristianstad 7

Die Gründung erfolgte 1614 durch Dänenkönig Christian nach dem Muster einer Renaissance-Idealstadt und Festung mit geometrischem Grundriss auf einer Flussinsel an der damaligen dänisch-schwedischen Grenze. Im 19. Jh. legte man die Befestigungen nieder, neben dem Kanal mitten durch die Stadt entstand ein Boulevard. Kristianstad wurde Industrie- und Handelsplatz. 1994 schloss die Garnison endgültig. Heute hat die Stadt einen fast kurstädtischen Charme. Kristianstad gilt auch als ›Stadt der Bildhauer‹. Auf öffentlichen Plätzen stehen Skulpturen aus dem schwarzen Diabas des ›Steinreichs‹, das sich nordwärts über Osby hinaus erstreckt.

Sehenswert: Aus dänischer Zeit stammt die **Heliga Trefaldighetskyrkan** (Dreifaltigkeitskirche), als ›schönster Renaissancetempel des Nordens‹ gerühmt (1617–1628) und mit Prachtgrabplatten im Außensockel. Stolze Bauten umgeben den Stora Torg.

Der Wasserfall von Forsaker

Museen: Das **Filmmuseum** ist im ersten schwedischen Filmatelier untergebracht; in seinem kleinen Kino werden Filme aus den Sammlungen des Museums gezeigt (Östre Storgatan 53; Juni–Aug. Di.–Fr. 13.00–16.00, ganzj. So. 12.00–17.00 Uhr). Eine Museumsbahn verkehrt am Südbahnhof beim **Eisenbahnmuseum** (Info s. Turistbyrå).

Umgebung: Das Diabas-Vorkommen, 1870 entdeckt, wird im Steinbruch von Hägghult in Svarta Bergen bei **Knisslinge** (nördl.) gebrochen. Dort und im internationalen Skulpturenpark von **Vanås** (westl. Knisslinge) stehen sehr schöne Bildhauerarbeiten aus diesem harten Granit (Vanås Schlosspark tgl. 8.00–19.00 Uhr).

Ein Paradies für Kinder ist das Brio-Lekoseum des Holzeisenbahnherstellers im weiter nördl. gelegenen **Osby** (Briogatan 2; Juni bis Aug. tgl. 10.00–18.00 Uhr, sonst nur Do.).

ⓘ Kristianstads Turistbyrå, Stora Torg, S-291 32 Kristianstad, Tel. 044 121988, Fax 044 120898, www.kristianstad.se

Karlshamn 8

Eigentlich sollte das Fischerdorf Karlshamn um 1660 zum Marinehafen Carls X. Gustav werden, doch dessen Sohn ließ den Flottenstützpunkt schließlich im durch Schären besser geschützten Karlskrona bauen. Karlshamn war dann Auswandererhafen, ein Standbild erinnert daran. Heute ist die Stadt Handelshafen für das Baltikum und Fährhafen nach Polen (Danzig).

Sehenswert: Die Stadt überragt der achteckige Glockenturm (1792) der **Carl Gustav Kyrka**. Boote zum einstigen Kastell auf Frisholmen.

Museen: Im ›**Kulturviertel**‹ erinnert das Punschmuseum an die Spirituosenherstellung im 19. Jh. und die Tabakfabrik an ein Gewerbe des 18. Jh.; außerdem u. a. ein Stadtmuseum und eine Spielkartendruckerei (Info s. Turistbyrå).

ⓘ Karlshamn Turistbyrå, Ronnebygatan 1, S-37 481 Karlshamn, Tel. 045481213, Fax 0454 84225, www.karlshamn.net

Karlskrona 9

Das sich auf vielen Inseln ausbreitende Karlskrona wurde nach Plänen der Stockholmer Schlossarchitekten Vater und Sohn Tessin angelegt. Das großartige Stadtbild, von drei Jahrhunderten Flottengeschichte geprägt, ist mittlerweile Unesco-Welterbestätte. Karlskrona geriet 1981 in die Schlagzeilen, als ein sowjetisches U-Boot bis dicht vor die Flottenbasis gelangte.

Sehenswert: Die barocke **Dreifaltigkeitskirche** Ulrica Pia (1709) war ein Entwurf von Tessin d. J.; die **Admiralitätskyrka** von 1685 ist eine der größten Holzkirchen Schwedens.

Museen: TOP ZIEL Im **Marinemuseum** Schiffsmodelle, diverse Nautica und eine großartige Sammlung von Galionsfiguren, (Stumholmen; Juni bis Aug. tgl. 10.00–18.00, sonst tgl. außer Mo. 11.00–17.00 Uhr); neben dem Viermaster ›Jarramas‹ gehören noch zahlreiche andere alte Schiffe, Boote und Docks zum Museumskomplex. Das Kunstmuseum **Lionardo da Vinci Ideale** überrascht mit Werken auch von Braque, Matisse und van Gogh (Drottninggatan 28; Mi.–So. 11.00 bis 17.00 Uhr).

ⓘ Turistbyrå, Stortorget 2, S-37131 Karlskrona, Tel. 0455 303490, Fax 0455 303494, www.karlskrona.se/turism

TIPP

Kleiner Fluss, große Lachse

In Mörrum bei Karlshamn dreht sich alles um den Lachs. Vom April bis Sept. dürfen in den Stromschnellen ›Kungsforsen‹ des nur kurzen Mörrumsån Sportangler ihre Köder auswerfen. Im ›Laxens Hus‹ (in der Saison tgl. 9.00–17.00 Uhr) wird über Aufzucht und Leben des Edelfischs und seines kleineren Bruders, der Meeresforelle ›Havsöring‹, die hier zu den Laichgründen steigen, informiert, außerdem über Geschichte und Fangmethoden seit 1231. Es sind auch die präparierten Rekordfänge zu sehen, so der von einem Deutschen mit künstlicher Fliege gelandete 26,72-Kilo-Lachs. Man kann beim Wiegen der Fänge zusehen und natürlich auch im Restaurant Fisch in vielen Variationen genießen.

Besuch im Mittsommerland

Höchst verschiedene Landschaftsformen umfasst dieser Teil Südschwedens. Im Süden stützt er sich auf Schonen, geht an der Westküste vom strandgesäumten Kattegat über in den raueren Skagerrak, stößt nördlich an das zweitgrößte Binnengewässer des Landes, den Vättern, und verliert sich nach Osten in den Wäldern und unzähligen Seen des inneren Småland. Götaland nennt sich die Klammer, die das alles zusammenhält.

An Mittsommer kommen auch die alten Trachten wieder zu Ehren – hier die Feier auf Tjolöholm.

▲ Auf der Festung Varberg ▼ Huskvarnas altes Schmiedeviertel

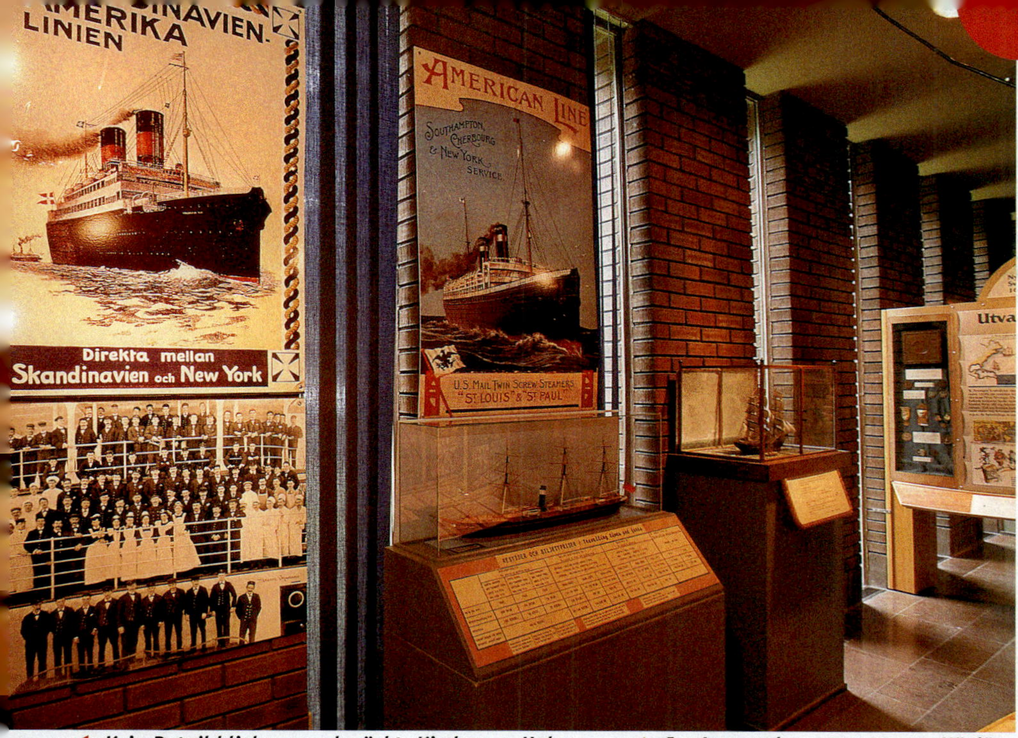

◄ Kein Detail blieb ungeschmückt: Kirche von Habo ▲ Im Auswanderermuseum von Växjö

▲ Wasser war der Energieträger ... ▼ ... der Industrie um Gnosjö: Drahtweberei in Töllstorp

An der Laholmsbucht beginnt eine lange Sandstrecke, die sich gerne als ›Schwedens Riviera‹ ins Licht rückt, aber auch als ›Schwedens Badewanne‹ belächelt wird. Denn hier geht es nicht um den ›eigenen‹ Handtuchplatz auf einer Schäre, an einer winzigen Bucht oder an einem stillen See – hier drängeln sich im Hochsommer – aber nur dann – die nach Sonne Dürstenden wie an der Adria. Einige genießen den gehobenen Komfort von Strandhotels, viele geben sich mit vier mal vier Metern Holzhütte einer Anlage hinter den Dünen zufrieden, nur Schritte von den Nachbarn, die ihre ›Industrieferien‹ auf genauso wenig Raum verbringen. Alles ist dort geregelt, bis zum Hundebad, und nur Nuancen im Anstrich der Häuschen tupfen dieses Symbol von ›Jämlikhet‹, dieser disziplinierten Genügsamkeit, Gleicher unter Gleichen zu sein.

Ein Land der Tüftler

In Erwartung der stärkeren, direkten Anbindung an das kontinentale Verkehrsnetz durch die Öresundbrücke baute Halland seine küstennahe Europastraße zur Autobahn aus. Die quert nun nicht mehr die kleinen Städte Ängelholm, Halmstad, Falkenberg, Varberg und Kungsbacka, was diesen wieder mehr ersehnte Ruhe gebracht hat.

Die hatte das Hinterland nie verloren. Hier siedeln seit dem 17. Jahrhundert erfindungsreiche Handwerkskunst und Kleinindustrie. Bauernsöhne erwarben damals Handfertigkeit und Wissen in der königlichen Gewehrmanufaktur von Jönköping – das war allemal besser, als auf Europas Schlachtfelder zu ziehen. Auf einsamen Waldhöfen begannen sie, Flusserze in Hammerschmieden und Drahtziehereien zu täglichem Gebrauchsgut zu verarbeiten. Diese Gewerbestrukturen, diese Kleinunternehmerkulturen haben – besonders um schon in Småland gelegenen Gnosjö – trotz großer Veränderungen bis heute ihren Platz behauptet.

Einige Betriebe wuchsen stärker und machten ihren Standort zum Markennamen: Huskvarna für Nähmaschinen und Kettensägen, Gislaved für Autoreifen. Ein heute weltweit agierendes Unternehmen wurde in einer Telefonzelle von Älmhult

▲ *Stille Urlaubsfreuden am Bolmen*

▲ *Mittsommer ist auch für die Kleinsten*

▼ *›High Chaparral‹ bei Gnosjö: Der Wilde Westen …* ▲ *… hat auch tief in schwedischen Wäldern seinen Reiz*

▲ *Mittsommer beginnt mit dem Maibaum-Aufstellen*

▼ *›Johanssons Landhandel‹ bei Växjö*

geboren: IKEA. Und das Sicherheitsstreichholz, nur an der Reibfläche einer Schachtel zu entzünden und nicht an der Schuhsohle oder Schuppenwand, wurde in Jönköping am Vättern erfunden.

SPECIAL

Mittsommer

In den hellsten Nächten des Jahres ist an Schlaf kaum zu denken. Jeweils an dem Wochenende, das dem 24. Juni am nächsten kommt, liegt das ganze Land im Mittsommerfieber. So vergnügt wird man die Schweden zu kaum einem anderen Termin des Jahres finden. Das Feiern beginnt bereits am Freitag früh, man schmückt Haus und Hof, Kirchen und Tanzböden mit frischem Birkenlaub und Wiesenblumen. Dann wird überall ein Maibaum aufgerichtet, Meter für Meter, ein nicht ganz müheloses Unterfangen, dem zum Teil über 20 Meter hohen Symbol festen Stand zu geben, zu Wikingerzeiten eine unübersehbare Bitte um eine gute Ernte. Wer es irgend einrichten kann, zieht an Mittsommer zum Feiern hinaus aufs Land, tanzt um den Maibaum und verspeist Matjes-Hering mit Dill-Kartoffeln und Sauerrahm – und danach eine große Portion frische Erdbeeren. Dem Tau der Mittsommernacht werden heilende Kräfte zugeschrieben, 1200 Jahre nachdem der hl. Ansgar in Birka gepredigt hat. Und erst am Sonntag lässt man die Feierei so langsam ausklingen.

Ruhe und Beeren pflücken

Dieser Landstrich traditioneller und ständiger Innovation grenzt über Moore und verzweigte Seen hinweg an die tiefen Wälder des inneren Smålands. Ein Blick auf die Karte lässt bereits ahnen, was den Reisenden dieses Landstrichs erwartet – verträumte, unspektakuläre Stille einer waldreichen Seenplatte als Kontrast zur etwas lauten Munterkeit der halländischen ›Goldküste‹. Beeren pflücken, Pilze suchen, vielleicht Rotwild oder einem Elch begegnen, nach Hecht und Zander angeln, Kanu fahren. Allein der See Bolmen ist eine Welt für sich – er leistet sich sogar einen alten Dampfer. Eine andere Welt ist das Moorgebiet von Stora Mosse, in dem der Hohe Norden des Landes schon ein Stück vorweggenommen wird.

GÖTEBORG
BORÅS
JÖNKÖPING
HALMSTAD
VÄXJÖ
Varberg
Falkenberg
Kungsbacka
Alingsås
Kungälv
Ulricehamn
Gislaved
Värnamo
Nässjö
Eksjö
Vetlanda
Ljungby
Alvesta
Vaggeryd
Kattegat
Maßstab 1:750.000
10 km

Infos

›Europa und der Stier‹ plätschern mitten in Halmstad, das stolz auf seine Kunstszene verweist

Halmstad ①

Halmstad an der Mündung des Nissan trägt drei Herzen im Wappen, die ihm 1563 Dänenkönig Christian IV. als Dank für seinen Widerstand gegen die Schweden verlieh. Die größte der vier Küstenstädte Hallands ist auch Hauptstadt (75 000 Einw.) dieser schwedischen Provinz, die sich als Streifen die Kattegatküste entlangzieht. Aus dem 700-jährigen Halmstad stammt übrigens die bekannte Rockgruppe ›Roxette‹.

Sehenswert: Christian IV. ließ zu Beginn des 17. Jh. Festungswälle und das gemütliche **Renaissance-Ziegelschloss** am Hafen bauen. Direkt davor hat das einstige Schulschiff, der kleine Dreimaster ›Najaden‹ von 1897, seinen letzten Liegeplatz (Mitte Juni–Mitte Aug. Di. und Do. 17.00–19.00 und Sa. 11.00 bis 15.00 Uhr). Auf Stora Torget mit der **Nikolaikirche** (14. Jh.) und dem alten Fachwerkhaus ›Tre Hjärtan‹ sprudelt seit 1926 auch der **Brunnen ›Europa und der Stier‹** von Carl Milles (1875–1955), am Nissan-Ufer steht eine nach dem **Picasso-Werk ›Frauenkopf‹** gefertigte Monumentalskulptur. Kunst spielt eine große Rolle im Leben der Stadt, die Halmstad-Gruppe nimmt einen bedeutenden Platz ein in Schweden, Werke ihrer Mitglieder sind ständig im **Mjällby Konstgard** in Söndrum (nördl.) ausgestellt (April–Sept. tgl. außer Mo. 13.00 bis 17.00, Mai–Aug. ab 12.00 Uhr).

Museen: Im **Länsmuseet Halmstad** regionale Wandteppiche und eine schöne Kollektion von Galionsfiguren (Tollsgatan; Di.–So. 12.00–16.00, Mi. bis 21.00 Uhr). Das Freilichtmuseum **Hallandsgården** vereint zehn traditionelle Bauernhäuser des 19. Jh. (Mitte Juni–Mitte Aug. tgl. 12.00–18.00 Uhr), in **Hallands Miniland** wurden rund 100 sehenswerte Gebäude aus ganz Schweden nachgebaut, und für Kinder gibt es einen Märchenwald (Mai–Mitte Sept. tgl. 10.00 bis 18.00 Uhr).

Umgebung: Die wunderschöne Küstenstraße nach Steninge führt zunächst nach **Tylösand** mit seiner ›Playa‹, die in die Strände von Ringenäs und Frösakull übergeht (weite Blicke von Aussichtsplätzen). Tylösand ist in Schweden ein Begriff für ›südliches‹ Badeleben, hier gibt es auch ein feines Konferenzhotel, Golfplatz, Tennisplätze und einen Rhododendron-Park. Das Naturreservat bei Haverdal schützt typischen Strandwald.

ⓘ Hallands Turist, Slot, Box 68, S-30103 Halmstad, Tel. 035132320, Fax 035158115, www.halmstad.se

TIPP

Wandern und Radeln

Der ›Hallandsleden‹ führt vom Bergrücken Hallandsås (südl. Halmstad) über 380 km hinauf bis zum Bohuslän; dort und in Skåne schließt er an weitere Wanderstrecken an. Der Radweg ›Ginstleden‹ – nach der halländischen Landschaftsblume Ginster benannt, die im Juni blüht – folgt der Küste ebenfalls vom Hallandsås bis Kullavik bei Göteborg, ›Cykelsparet‹ zweigt ab in die Wälder des Inneren, auf ›Hylteslingan‹ radelt man von Halmstad durch das Nissantal und Simlangsdalen (Info: Hallands Turist, Box 68, S-30103 Halmstad, Tel. 035109560, Fax 035121237, www.hallandsturist.se).

Falkenberg ②

Die Kleinstadt an der Ätran-Mündung hat von der Verlagerung des Durchgangsverkehrs stark profitiert. Sie pflegt nun wieder ihr kleinstädtisches Erscheinungsbild um die Ruine einer mittelalterlichen Turmburg, die 1434 von einem Bauernheer zerstört wurde und um ihre steinerne Zollbrücke, die seit 1761 in fünf Bögen über den Fluss führt. Hier, mitten im Ort also, stehen oft Angler in der seichten Strömung, andere versuchen es etwas unsportlich mit Krabben-Ködern von der Brücke – denn auch hier steigen Lachse und Meerforellen.

Sehenswert: In der Altstadt gibt es noch mehrere **›Lachshöfe‹**, vor denen einst der Fang versteigert und in denen die frische Ware umgehend geräuchert wurde, um sie haltbar zu machen. Über diese Fischereiepoche und ihre Konservierungsmethoden informiert das kleine **›Laxrökerimuseum‹** in Sjöbergsgården (St. Lars Kyrkogatan; Mitte Juni bis Sept. tgl. 14.00–18.00 Uhr).

Umgebung: Kurz vor dem Ort erstreckt sich der total erschlossene Freizeitkomplex von **Skrea Strand**, Hunderte von dicht an dicht gebauten Mini-stugor, kleinen Ferienhäuschen, ermöglichen dort preiswerte Badeferien.

ⓘ Falkenbergs Turistbyrå, Holgersgatan 11, S-31135 Falkenberg, Tel. 034686100, Fax 034614526, www.falkenbergsturist.se

Varberg ③

Die Küstenfestung Varberg wurde 1320 begonnen, die Aussicht von ihren Wällen ist eine Attraktion. Eine Zeit lang war sie Staatsgefängnis, nun teils Jugendherberge, teils Restaurant und teils Museum. In der zweiten Hälfte des 19. Jh. zählte Varberg zu den bekanntesten Kurorten des Nordens. Societätshuset, das einstige Kurhaus, ist bis heute ein beliebter, belebter Sommertreff.

Sehenswert: Von anno dazumal stammt das **Kallbadhus**, ein auf Stelzen vor den Strand gesetztes Kaltbadehaus mit Zwiebelhauben über den Umkleidekabinen, von denen aus man dann ganz ungeniert über Stege und Treppen ins Meerwasser steigt. Alternativ kann man im Küstenhotel auch ein wohligwarmes Tangbad nehmen. Ein städtischer Nacktbadestrand für Damen nennt sich respektlos ›Kärringshalan‹ (Altweiberhöhle), der für Männer ›Goda Hopp‹ (Gute Hoffnung).

Museum: Im heimatkundlichen **Festungsmuseum** ist u. a. der ›Bockstensman‹ zu sehen, eine Moorleiche aus dem 14. Jh. in vollständiger Kleidung (Mo.–Fr. 10.00 bis 16.00, Sa. und So. 12.00–16.00, Mitte Juni bis Mitte Aug. tgl. 10.00–18.00 Uhr).

Veranstaltung: Das ›Fladenfestival‹ im Herbst ist ein Wettbewerb der Hochseeangler in den besten Fischgründen des Kattegat.

Umgebung: **Träslövsläge** (südl.) und **Bua** (nördl.) sind Fischerdörfer mit traditionellem Charakter. Die über eine Brücke zu erreichende nördl. Varberg liegende Vogelinsel **Getterön** hat einen Beobachtungsturm, im Winter kreisen hier auch Fisch- und Steinadler (kleines Naturzentrum). Die sechs 127 m hohen Masten von **Grimmetons Radiostation** nahe Gödestad erinnern an den Beginn drahtloser transatlantischer Langwellen-Kommunikation und gehören zum einzigen erhaltenen und funktionsfähig gebliebenen Beispiel für diese Technik (1925 eingeweiht, heute Unesco-Welterbe; im Sommer zu besichtigen, Infos durch das Turistbyrå).

ⓘ Varbergs Turistbyrå, Brunnsparken, Box 150, S-432 24 Varberg, Tel. 0340 88770, Fax 0340 611195, www.turist.varberg.se

KUNGSBACKA 4

Der schon im 13. Jh. gegründete Handelsplatz lebt heute vor allem von seiner Nachbarschaft zu Göteborg – ein Katzensprung über die Autobahn. Einkaufszentren, Hightech-Firmen und Dienstleistungsunternehmen ziehen die Bewohner der Großstadt an.

Umgebung: Auf einer südl. gelegenen Halbinsel im Kungsbackafjord baute der Kaufmann Dickson um 1900 ein pompöses Schloss im englischen Tudor-Stil: **Tjolöholm** mit barockem Park und Garten. Heute ein Ort mit Kunstausstellungen, Konzerten, Schlosskirche, Kutschenmuseum und einem Arbeiterdorf mit Kunsthandwerkern (April–Sept. Sa. und So. 11.00–16.00, Mitte Juni–Mitte Aug. tgl. 11.00–16.00 Uhr).

Wochenendziele sind die vorgelagerten Orte **Onsala** mit einer Seeräuber-Vergangenheit und stattlichen Kapitänshäusern, der im 19. Jh. beliebte Badeort **Gottskär**, heute Segelzentrum, und **Särö**, eine Sommerfrische, die auch Schwedenkönige zu schätzen wussten, mit erhaltenen Residenzen reicher Bürger.

ⓘ Kungsbacka Turistbyrå, Storgatan 41, Tel. 0300 34595, Fax 0300 34599, www.kungsbacka.se

Geruhsam tuckert der Dampfer an Schloss Gripsholm vorbei: Halmstads ›Miniland‹

SJUHÄRAD 5

Diese Landschaft ›Sieben Kreise‹ umfasst vor allem die Orte **Borås**, **Ulricehamn** (östl.), **Kinna** (südw.) und **Tranemo** (südöstl.). Die Heimat einer Textilkultur, die heute mit moderner Technologie Weltklasseartikel produziert, hatte ihren Ursprung in der Armut der Bauern. Durch Flachsanbau, das Spinnen von Garn auf dem ›Hungerrad‹ und Heimweberei besserten diese ihr schmales Einkommen auf. Den Vertrieb übernahmen so genannte ›Stoffverleger‹, die das auf den Höfen gefertigte Tuch an ›knallar‹, reisende Händler, verkauften. Mehrere Museen unterrichten über dieses in Schweden einzigartige Produktions- und Verkaufssystem.

Sehenswert: In **Borås** knüpfen große Versandhäuser an diese Tradition an, im Riesenkomplex ›Knalleland‹ mit mehreren Direktverkaufsläden gibt es nicht nur Stoffe und Kleider, sondern auch Artikel ganz anderer Art unter Katalogpreisen. ›Tygriket‹, das ›Stoffreich‹ um **Kinna**, lockt in Fabrikläden mit Restposten und Stoffen zweiter Wahl bekannter Marken. Zu den Schnäppchenläden der Trikotfirmen bei **Ulricehamn** rollen Do. nachmittag Busse mit Hausfrauen aus allen Landesteilen an, als ›Kärringarrallye‹ (Altweiberrallye) belästert (Einkaufsguides bei den Touristikbüros).

Umgebung: Das Hochmoor-Naturreservat **Komosse** zwischen Ulricehamn und Jönköping ist eines der bestbewahrten Feuchtgebiete Europas. Der 5 km lange, gut ausgebaute Wanderweg berührt die interessantesten Bereiche dieses schönen Biotops (Zufahrt ab Strängsered).

ⓘ Borås Turistbyrå, Hallbergsgatan 14, S-501 80 Borås, Tel. 033 357090, Fax 033 358566, www.boras.se

SPECIAL

›Jedermannsrecht‹

Landschaften wie die um den Bolmen fordern geradezu dazu auf, spontan ein paar Ferientage einzulegen. Das schwedische ›Allemansrätt‹ macht das einfach. Schlichte Verhaltensregeln gelten der Rücksicht auf Natur und andere Menschen – und sollen doch freies Wandern, Rad- und Bootfahren sowie Zelten ermöglichen. Eine Nacht kann man überall sein Lager aufbauen, überall an unbekannten Ufern anlegen und baden – aber stets mit angemessenem Abstand zu bewohnten Häusern. In trockenen Sommern ist Feuermachen oft auch an offiziellen Stellen verboten, immer aber auf Felsklippen, da diese bersten könnten. Brandstellen müssen stets sorgfältig mit Wasser abgelöscht, Lagerplätze sauber verlassen werden. Und für Hunde gilt Leinenzwang von März bis Aug. Angeln ist nur im Vättern und Vänern und längs der Meeresküste frei erlaubt. Ausführliche Bestimmungen, auch auf Deutsch, sind in den Touristikbüros erhältlich.

JÖNKÖPING 6

Die zwei Kleinstädte Jönköping und Husquarna am Südende des Vätternsees mit zusammen 120 000 Einw. sind fest miteinander verzahnt. Der Ort ist Sitz der Provinzregierung. Die in Jönköping produzierten ›Schwedenhölzer‹ haben es einst berühmt gemacht, fast mehr noch der Aufstieg und Fall des Streichholzmagnaten Ivar Kreuger, der ein weltweites Monopol aufgebaut

Infos

Kunstschmied in Huskvarnas Smedbyn

hatte, in der Weltwirtschaftskrise der 1920er-Jahre bankrott machte, 1932 unter geheimnisvollen Umständen starb und Milliardenschulden hinterließ. Basis für Huskvarnas Metall verarbeitende Industrie waren die Hammerschmieden an einem Fluss, der sich hier in eine über 100 m tiefe Schlucht stürzt. In den Häusern der Schmiedearbeiter aus dem 17. und 18. Jh. in Smedbyn und Stockmakarbyn haben sich nun Künstler und Galerien eingerichtet.

Sehenswert: Die aus Holz im frühnordischen Stil erbaute **Huskvarna Kyrka** ist knapp 100 Jahre alt (Alfred Dalin-Vägen 10).

Museen: Ivar Kreugers Geschichte und die dieser speziellen Holzindustrie wird im **Tändsticksmuseet** am Vätternsee erzählt, in der ersten Streichholzfabrik von 1848 (Tändsticksgränd; Juni–Aug. Mo.–Fr. 10.00 bis 17.00, Sa. und So. bis 15.00 Uhr, sonst kürzer). Die 300 Jahre Industriegeschichte zeichnet das **Huskvarna Fabriksmuseum** nach; dort sind auch die Produkte von alten Waffen bis zum Motorrad zu sehen (Hakarpsvägen 1; Mai–Sept. Mo.–Fr. 10.00–17.00, Sa. und So. 13.00–16.00 Uhr, sonst kürzer).

Umgebung: Nördl. liegt am Westufer des Vättern der Ort **Habo**. Die große hölzerne Kirche stammt aus dem 16. Jh. und wurde im Inneren über und über mit barock wirkenden biblischen Motiven ausgemalt.

ⓘ Jönköpings Turistbyrå, Juneporten, Västra Storgatan, S-55111 Jönköping, Tel. 036 105050, Fax 036 107768, www.jonkoping.se

Gnosjö 7

Die kleine Stadt im westlichen Småland ist noch immer ein Zentrum der Drahtindustrie. Vom Fliegengitter bis zur Haarnadel wurde hier einst von über 100 Kleinbetrieben Haushaltsbedarf hergestellt, heute sind u. a. Einkaufs-Caddies der Renner. Und auch die Kunststoffverarbeitung hat mittlerweile einen festen Platz.

Museen: Zwei Industriemuseen, einst Produktionsstätten, lassen noch mit eigener Wasserkraft und funktionstüchtigen Maschinen die Vergangenheit lebendig werden: **Hylténs** mit Gießerei und mechanischer Werkstatt, in der von 1874 bis 1974 produziert wurde und ursprünglich erhalten blieb, und **Töllstorps** mit über zehn Kleinbetrieben im Wald am Fluss (Mittsommer–Mitte Aug. tgl. 13.00 bis 15.00 Uhr).

Umgebung: Eine Wildweststadt mitten in Smålands Wäldern? Doch, im Erlebnisort **›High Chaparral‹** in Hillerstorp (südöstl.) rauchen nicht nur die Colts, tanzen nicht nur Rothäute vor ihren Tipis, werfen Cancan-Girls ihre Beine – hier gibt es, damit die ganze Familie alles miterleben kann, auch Hotel, Restaurants, Ferienhäuser, Camping und Schwimmbad. Von Mitte Mai bis Mitte Aug. geöffnet, stehen tägliche Shows mit verheißungsvollen Namen auf dem Programm: Wild West, Lucky Luke, Indian, Saloon und Mexico (Eintrittspauschale, Mitte Mai–Mitte Juni 10.00 bis 18.00, im Juli und Aug. bis 19.00 Uhr).
Eine hier unerwartete Landschaft breitet sich zwischen Hillerstorp und Värnamo aus. Der 7750 ha große Nationalpark **Stora Mosse** ist ein Stück vorweggenommenes Lappland. Ein Hochmoor, das man auf Wanderwegen über Flugsandrücken durchstreifen kann. Da gibt es einen Vogelsee, in dem Kraniche brüten, Beobachtungstürme, Orchideen im Mai und Juni und ein lehrreiches Info-Center. Einige Zonen haben zeitweise Zutrittsverbot (Parkplätze bei Björnekullen und am Hornsjö, Zufahrt von der Straße 151).

ⓘ Gnosjö Turistbyrå, Storgatan 8, S-335 80 Gnosjö, Tel. 0370 331041, Fax 0370 331025, www.gnosjo.se

Varbergs Festung ist heute auch Jugendherberge

SPECIAL

Tucholskys letzte Jahre

Nach den glücklichen, aber schon überschatteten Sommertagen 1929 in Mariefred wurde Kurt Tucholsky klar, dass er in Deutschland ›jahrelang die Schnauze halten‹ müsste, ›aber wer zahlt mir das?‹. Also wählte er das Exil in Schweden. Zwischen Göteborg und Borås, in Hindås, fand er die schöne Holzvilla Nedsjölund. Seine Bücher wurden in Deutschland geächtet, verboten und 1933 ins Feuer geworfen. Er selbst war ausgebrannt, die Schweden druckten seine Artikel nicht, er hatte kaum noch Geld, litt an Stirnhöhlenentzündung, wurde mehrfach operiert. Er kapselte sich ab. Kurz vor Weihnachten 1935 beging er, knapp 45 Jahre alt, verzweifelt Selbstmord. Seine Sekretärin ließ seine Urne auf dem Friedhof von Mariefred beisetzen. Die Schweden wagten erst nach 1945 eine Steinplatte mit seinem Namen auf diese Ruhestätte zu legen.

Växjö 8

Die smäländische Bezirkshauptstadt (70 000 Einw.) erhielt als wichtiger Handelsplatz bereits 1342 Stadtrecht. Der Hochschulstandort ist der Inland-Zugang zum ›Glasreich‹.

Sehenswert: Wahrzeichen ist der **Dom** mit Ursprung im 12. Jh., schlanken Kupfertürmen und modernen Glasbildern im Innern.

Museum: Im **Utvandrarnas Hus** erfährt man alles über die Gründe der Verelendung und Auswanderung zwischen 1846 und 1930; in dieser Zeit verlor Schweden fast ein Viertel seiner Bevölkerung (Strandvägen; Mai–Aug. Mo.–Fr. 9.00–17.00, Sa. und So. 11.00 bis 16.00 Uhr, sonst kürzer).
Smålands Museum besitzt mit Sveriges Glasmuseum auch die größte Sammlung von Glaserzeugnissen (Järnvägsgatan 2; Juni bis Aug. Mo.–Fr. 10.00–17.00, Sa. und So. 11.00 bis 17.00 Uhr).

Umgebung: Südw. liegt **Huseby Bruk**, nach seiner Errichtung 1615 führende Roheisenhütte in Südschweden mit Herrensitzcharakter, zu der auch eine umfangreiche landwirtschaftliche Produktion gehörte (April–Sept. tgl. 11.00–17.00 Uhr). Nordw. ist in **Ör** ›Johanssons Landhandel‹ zu finden, ein Café mit einem Laden wie vor 100 Jahren.

ⓘ Växjö Turistbyrå, Stationen, Norra Järnvägsgatan, Box 1222, S-351 12 Växjö, Tel. 0470 41410, Fax 0470 47814, www.vaxjo.se

DIANA
DIANA

Schweden unter Dampf

Sein ›blaues Band‹ verbindet Schwedens Ost- und Westküste – doch von wirtschaftlicher Bedeutung ist er längst weit entfernt. So gehört der Götakanal heute Freizeitkapitänen und Nostalgikern, die in winzigen Kabinen das Reisen von gestern genießen. Und die vielen bedeutenden Orte und Stätten, die sich in Reichweite der schmalen Wasserstraße und der beiden Binnenmeere Vänern und Vättern reihen.

Seit über 70 Jahren ist die ›Diana‹ auf dem Götakanal unterwegs – hier in der Nähe von Berg.

▲ *Handbetrieb: Götakanal-Schleuse in Borensberg*

▲ *Wasserwandern nach Kanalart: Borensberg*

▲ *Zwischenstopp in Söderköping*

▼ *Söderköping träumt am Kanal*

▼ *Vadstenas wehrhaftes Schloss*

► *Treppenschleusen in Berg*

Eine ausgedehnte, weit verzweigte Wasserwelt liegt mitten in Südschweden. Zwei große Seen und das ›Blaue Band‹ des Götakanals, der die Ostsee über Vättern und Vänern mit dem Skagerrak verknüpft. Vor fast 200 Jahren ein tollkühnes Projekt, im Glauben an die Zukunft verwirklicht, aber von der Zeit schnell überflügelt. Geblieben ist ein Stück nostalgischer Vergangenheit, eine einzigartige Entdeckung wunderbarer Langsamkeit.

Denn mindestens vier Tage brauchen die beiden weißen Veteranendampfer zwischen Stockholm und Göteborg, davon führen 190 Kilometer dieser gemächlichen, lustvollen Fahrt durch den eigentlichen Kanal. 1832 war er fertig gestellt, sein Baumeister, der Seeoffizier Baltzar von Platen, ließ ihn von ›ungefähr 60 000 eingeteilten Soldaten und Bootsmännern‹ verwirklichen, wie es auf einem Gedenkstein an der Schleuse Berg steht. 22 Jahre lang gingen sie mit Spitzhacke und blechbeschlagenen Holzspaten, simplen Kränen und einem aus England geholten Schürfbagger der Landschaft zuleibe, sprengten Felsen, gruben Schleusen oder zogen sie hoch, um die Höhenunterschiede zwischen den Gewässersystemen auszugleichen. So wurde eine Wirtschaftsstraße geschaffen, die auch das bis dahin recht isolierte Innere Südschwedens erschloss.

Romantik zwischen Schleusen

Doch als 30 Jahre später die Eisenbahn zwischen Göteborg und Stockholm verkehrte, lohnte der Transport von Passagieren und Gütern zu Wasser nicht mehr. Das ehrgeizige Bauwerk verfiel und versandete. Erst 1977 beschloss der Reichstag, den Kanal nicht weiter auszubauen, wie man eine Zeit lang erwogen hatte, sondern ihn so wie er war aus seinem Dornröschenschlaf zu wecken. Romantiker aus aller Welt sind nun bereit, für eine enge Dampferkajüte einen stolzen Preis zu zahlen.

Sind die sieben Schleusenstufen vom Roxen bei Berg, der Wasserschloss- und Klosterort Vadstena am Vättern oder die bereits bei Fertigstellung museumsreife Vänern-Festung Karlsborg die Höhepunkte? Oder doch nur das ruhige Gleiten durchs Grün oder wenn ein rasch an Land gesprungener, oft weiblicher ›Jungmann‹

▲ Gamla Linköping: Auch Straßenmusikanten ...

▲ Schloss Läckö leuchtet wieder

▼ ... gehörten zur alten Zeit, die hier weiterleben darf

▲ *Eine Pause vor Grännas Kulturgård: Radrennen um den Vättern*

▲ *Örebro: Gründerzeitfassaden am Svartån*

▼ *Marienkirche in Risinge bei Finspång*

das Schiff an langer Leine durch eine verschilfte Biegung verholt? Hier ist die Reise selbst das Ziel. Und stets wird des ›Vaters‹ des Kanals gedacht, der die Vollendung seines Werkes nicht mehr erlebte. Eine breite Treppe führt bei Motala vom Ufer zu seiner Grabstätte, die weißen Schiffe tuten ihm in der Vorbeifahrt ihren Respekt.

Durch geschichtsträchtige Lande

In Söderköping, hinter den Ostseeschären, beginnt der Kanal. Dann reiht sich ein ›Kaufmannsort‹ an den anderen – nichts anderes bedeutet der Namensbestandteil Köping. Vadstena dagegen, unweit von Motala an der Mündung des Kanals in den Vättern, wurde von der heiligen Birgitta, dann von Gustav Vasa mit einem Wasserschloss geprägt. Die adlige Birgitta Birgersdotter, Mutter von acht Kindern, hatte hier 1370 einen Nonnenorden gegründet. Schon 1391 wurde sie heilig gesprochen und gehört zu den sechs offiziellen europäischen Schutzheiligen der katholischen Kirche.

Schwedens erste Königsburg lag an der Südspitze der Vätterninsel Visingsö, sie wurde sogar in isländischen Sagen als ›stärkster Punkt im Reich‹ gerühmt. Gränna, am Ostufer gegenüber, pflegt seinen Ruhm als Geburtsort des Arktisforschers Andrée, der 1897 bei einer Ballonexpedition zum Nordpol sein Leben ließ – alljährlich ehrt ihn ein Treffen der Ballonfahrer. Doch was Gränna wirklich bekannt gemacht hat, ist rot- oder blauweiß: ›polkagriser‹, Riesenlutscher, ein Kindertraum! Längs der Durchgangsstraße werden sie in verschiedenste Formen geschmolzen – passend dazu das ovale Schild eines ›tandläkare‹, eines Zahnarzts, unter einem Aushang solch einer süßen ›Zuckerzeugküche‹.

Schwedens Binnenmeer

Das jenseitige Ufer kann längst nicht mehr ausgemacht werden und das Wasser so grob sein wie die offene See. Vänern ist ein Meer mitten im Land, fast dreimal so groß wie der Vättern und gut zehnmal größer als der Bodensee. Er hat einen eigenen Schärengarten, und das mittelschwedische Värmland steckt eine Nase weit hinein. Feudale Schlösser besetzen die schönsten Landspitzen. Im tiefen Wasser fühlen sich

◄ Blick vom Omberg auf den Vättern

▲ Exotik im Tierpark Kolmården

der ›Röding‹, ein schlanker Saibling, und die kleine Maräne ›Siklöja‹ wohl, deren orangeroter Rogen als delikater ›Löjrom‹ zu Backkartoffeln und saurer Sahne geschätzt wird.

SPECIAL

Mit den Gänsen reisen

Kein Buch beschreibt Schwedens Landschaften, ihre Menschen und ihre Besonderheiten so eindringlich wie ›Nils Holgersson‹, der verzauberte Bauernlümmel aus Schonen, der mit den Wildgänsen hinauf bis nach Lappland reist. Ein Erdkundebuch sollte es werden, ein märchenhaftes Buch schrieb Selma Lagerlöf (1858–1940), und es brachte der ehemaligen Lehrerin einen Nobelpreis und einen Ehrendoktor der Universität Uppsala ein. Selma Lagerlöf stammte von dem värmländischen Landgut Märbacka nördlich Karlstad, und so sehr sie auch in der Welt herumkam, ihre schwedische Heimat mochte sie nicht missen. Sozialkritisch war sie auch hinsichtlich unvollkommener Frauenrechte, nach den Ereignissen im Ersten Weltkrieg pazifistisch und literarisch nicht unumstritten.

Zwischen den beiden Binnenmeeren blieb der nordische Urwald Tiveden in weiten Teilen fast unberührt. Ein vom Inlandeis geformter Landstrich mit bizarren Felsen, Grotten, verwunschenen Seen und dichten Wäldern, in denen es noch Trolle geben soll …

Die Landschaft Närke schließt sich nordwärts an mit der Stadt Örebro mit noch einem dieser von Rundtürmen bewehrten Königsschlösser in ihrer Mitte. Eine Stadt, die zu Unrecht viele Reisende links liegen lassen. Von ihr hieß es: ›Will man den Puls Schwedens fühlen, dann sollte man seine Hand auf Örebro legen.‹ Schließlich grub man früh nach Eisenerz, Kupfer, Zink und Silber in der umgebenden Landschaft. Die Erzhütten und Hammerschmieden mit ihren Arbeitersiedlungen, Herrenhäusern und Kirchen bilden nun ein Netz von Industriedenkmälern aus Schwedens Aufbruchzeit. Und, nun schon an der Grenze zum unendlichen Nordschweden, kann man hier und da vom Waldrand Wölfe heulen hören.

▲ Viken in der Seenlandschaft zwischen Vänern und Vättern

▼ Vogelparadies Hornborgasjön

▼ Hier kann die Natur noch so sein, wie sie will: Naturpark Tiveden

KARLSTAD
Kristinehamn
KARLSKOGA
Degerfors
ÖREBRO
Arboga
Kungsör
ESKILSTUNA
Hjälmaren
Kumla
Hallsberg
Askersund
Motala
Vadstena
Mariestad
Lidköping
Skara
Skövde
Tibro
Hjo
Falköping
Tidaholm
Mjölby
LINKÖPING
NORRKÖPING
Söderköping
Finspång
Katrineholm
Flen
Vingåker
Åtvidaberg
Gullspång
Laxå
Karlsborg
Göteborg-Stockholm 56½h
Maßstab 1:750.000
10 km
104
42

Infos

Schwedische Savanne: im Tierpark Kolmården bei Norrköping

Norrköping 1

Die fünftgrößte Stadt Schwedens (120 000 Einw.) war im 17. Jh. Waffenschmiede, dann wurde der Hafenort als ›schwedisches Manchester‹ gerühmt. Zur Textilindustrie gesellten sich mit der Zeit weitere Branchen, doch erinnert noch viel an die Epoche der Tuchmacher.

Museen: Im alten, von Kanälen durchzogenen **Industrieviertel** mit noch fast authentischer Bebauung ist am Motala Ström das **Arbetets Museet** (Museum der Arbeit) in einer stillgelegten Baumwollspinnerei untergebracht, ihrer Form wegen ›strykjärnet‹ (Bügeleisen) genannt, mit Ausstellungen, Werkstätten und Café (Laxholmen; Juli und Aug. tgl. 10.00–17.00, Di. bis 20.00 Uhr, sonst kürzer). Spinnerei, Weberei und weitere Berufszweige sowie Stoffverkauf unweit in **Stadsmuseet** (Västgötegatan 21; Mo.–Fr. 10.00–17.00, Sa. und So. 11.00–16.00 Uhr). **Holmens Bruk** ist eine im 17. Jh. gegründete Papiermühle (Info vom Turistbyrå). Im **Färgargården** wird die Arbeit einer Stofffärberei dargestellt (Café, Värdshusgatan 8; Juni–Aug. tgl. 10.00 bis 19.00 Uhr, sonst kürzer). Einen guten Überblick über dieses Areal vermittelt der 68 m hohe **Rathausturm** (Drottninggatan).

Sehenswert: Am Stadtrand, bei Himmelstalund, Felszeichnungen; sie zeigen u. a. Gestalten, die mit Speeren Nashörner jagen.

Umgebung: Am jenseitigen Ufer von Bråviken erstreckt sich der große **Kolmården Djur- och Naturpark** mit über 1000 Tieren. Einige kann man von einer 3,5 km langen Seilrundbahn von oben betrachten, Bauernhof mit Haustieren für Kinder (Juni–Aug. tgl. 9.00 bis 18.00 Uhr, sonst kürzer; Hotel, Ferienhäuser, Camping).

Südl. liegt **Söderköping**, für das die Hanse Pate stand. Im 13. Jh. war der Ort Lübecker Handelsplatz – die in norddeutscher Ziegelgotik errichteten Kirchen St. Laurentius (1296) und die Drothems Kyrke erinnern daran. Der 50 m hohe hölzerne Glockenturm von St. Laurentius wurde 1582 fertig. Als das nahe Norrköping stärker und die Hanse schwächer wurden, verlor die Stadt an Bedeutung. Erst als Pforte zum Götakanal erlebte sie einen neuen Aufschwung – nun träumt sie wieder vor sich hin.

Aktivität: In Söderköping beginnt auch ein Radweg, der auf langen Strecken dem ehemaligen Treidelpfad des Götakanals folgt.

ⓘ Norrköping Turistbyrå, Dalsgatan 16, S-601 81 Norrköping, Tel. 011 155000, Fax 011 155074, www.norrkoping.se

Linköping 2

Östergötlands Provinzhauptstadt (134 000 Einw.) ist Bischofs-, Universitäts- und Industriestadt an einem alten Handelsweg. Mit dem Bau des mächtigen Doms, der wie die Bischofskirchen von Lund und Uppsala ein Zentrum der Christianisierung, dann der Reformation war.

Sehenswert: Der Bau des **Doms** wurde 1120 begonnen und erst im 19. Jh. mit dem Turm beendet (tgl. 9.00–18.00 Uhr). Seit den 1940er-Jahren wurden rund 100 erhaltenswerte Traditionsbauten nach **Gamla Linköping** umgesetzt, ein heute ständig bewohntes ›Freilichtmuseum‹ mit verschiedenen musealen Einrichtungen und dem Flair des 19. und beginnenden 20. Jh. (u. a. Schule, Kaufmannsladen, Post, adlige, bürgerliche und Wohnkultur des Arbeitermilieus; Mo.–Fr. 10.00–17.30, Sa. und So. 12.00–16.00 Uhr).

Umgebung: Das **Flygvapenmuseum** in Malmslätt (westl.) zeigt um die 60 Militärflugzeuge der letzten 90 Jahre, teils in Linköping gebaut, wo die Saab-Flugzeugwerke beheimatet sind (Juni–Aug. tgl. 10.00–17.00 Uhr, sonst kürzer). Am See Roxen die Ruinen und der Garten des zugleich mit dem Dom von Linköping gegründeten **Vreta Kloster** – während ihr Schiff langsam die Schleusentreppe von Berg passiert, haben die Passagiere Zeit, diese älteste Klosteranlage des Landes zu besichtigen.

ⓘ Linköping Turistbyrå, Quality Hotel Ekoxen, Klostergatan 68, S-58223 Linköping, Tel. 013 206835, Fax 013 121903, www.linkoping.se

Motala 3

Der Ort wurde vom Kanalbauer Baltzar von Platen 1822 in einer vierreihigen, halbrunden Bebauung an einer Vätternbucht geplant. Das heutige Stadtbild hält sich im Kern noch immer an diesen Entwurf. Hier ließ von Platen eine Werkstatt errichten, die ihm nach Maß gefertigte, gusseiserne Schleusentore und -brücken lieferte. Hier hat auch weiterhin die Kanalgesellschaft ihren Sitz.

Museen: Am Hafen befindet sich das **Kanal- och Sjöfartsmuseum** zur Geschichte des Kanals (Mai und Juni tgl. 10.00–18.00, Juli und Aug. tgl. 9.00–18.00 Uhr), und ein kleines **Automuseum** (tgl. Mai–Sept. 10.00–18.00, Juni–Aug. bis 20.00 Uhr).

Umgebung: Am gegenüberliegenden Seeufer liegt die Festung **Karlsborg** – zur gleichen Zeit wie der Götakanal begonnen. Als sie 1909 fertig gestellt wurde, war die monumentale, 100 ha umfassende Anlage bereits völlig veraltet und überflüssig.

ⓘ Motala Turistbyrå, Folkets Hus, Box 253, S-59123 Motala, Tel. 0141 225254, Fax 0141 214557, www.motala.se

Vadstena 4

Hier legen die Götakanal-Dampfer am Uferpark in Schlossnähe an – der Aufenthalt reicht für einen Stadtbummel. Der Ort an der Mitte des gut 1900 km² großen Vätternsees (120 km lang,

SPECIAL

Knäckebröd

Knäcke, das ist mittlerweile ein weltweit bekanntes Wort. Das knusprige, durch seine kleinen Luftblasen stabile Hartbrot wurde im 15. Jh. in Nordschweden erfunden. Im Herbst und im Frühjahr gebacken, sehr dünn, sehr heiß und kurz, war es fast unbegrenzt haltbar. Das runde Ur-Knäcke mit einem Loch in der Mitte – einer Vinyl-Schallplatte ähnlich – wurde auf luftige Stangen geschoben, wo es die Mäuse nicht erreichen konnten. Zur Mahlzeit brach man sich dort jeweils Stücke ab – knäcka. Es gibt zig, nun auch moderne Variationen. ›Gammaldags‹ oder ›Rundkakor‹ folgen Traditionsrezepten. Spezialität in Gränna sind schmale, spröde Streifen. Jeder Schwede hat sein Lieblingsknäcke und verzehrt davon im Schnitt vier Kilo im Jahr – zehnmal soviel wie ein Deutscher.

30 km breit) erlangte durch den von der hl. Birgitta um 1370 gegründeten Orden Bedeutung.

Sehenswert: Im befestigten **Renaissance-Wasserschloss** (1545–1620) Modelle der Bauetappen, Schlosskapelle mit gotischem Sterngewölbe, historische Spektakel (Führungen Mai–Aug.). Das Birgitta-Kloster lag bis zur Auflösung des Ordens 1595 im ehemaligen Herzogssitz **Bjälboättens Palats** (13. Jh.), nun ein komfortables Hotel. Die betont schlicht entworfene **Klosterkirche**, 1430 nach Birgittas Tod geweiht, vereint mittelalterliche Skulpturen von 60 Altären. Die **Herrestad Kyrka** von 1112 ist die älteste datierte Kirche Schwedens. Das Rathaus aus dem 14. Jh. gleicht eher einem Wehrturm.

Veranstaltung: Im Sommer werden im Schloss und im Gamla Teater **Opernaufführungen** veranstaltet.

Umgebung: Der südöstl. gelegene kleine Ort **Skänninge** verwandelt sich am 7. und 8. Aug.

Ljungsbro nördlich Linköping: Die ›Diana‹ überquert die Straße 36

in Schwedens größten Jahrmarkt mit über 5 km Budenstrecke und bis zu 200 000 Besuchern.

Südl. erhebt sich am Vätternufer das Schutzgebiet des **Ombergs**. Ab der Ortschaft Ödenshög gekennzeichneter Touristenweg bis Borghamn, am Anfang Strand, dann artenreicher Wildwald, Orchideenmoore, Tannen-Urwald und Wanderweg auch hinunter zu Felsvorsprüngen am See. Ausstellung über dieses besondere Milieu in Ombergs Naturum bei Stocklycke (Mai–Aug. tgl. 11.00 bis 17.00 Uhr).

Der Runenstein **Rökstenen** bei Rök östl. des Ombergs trägt den längsten Runentext des Nordens, er stammt aus dem 9. Jh. und konnte bisher nur teilweise gedeutet werden.

ⓘ Vadstena Turistbyrå, Vadstena Slott, S-59180 Vadstena, Tel. 0143 31570, Fax 0143 31579. www.vadstena.se

Gränna ⑤

1652 wurde der Ort von Graf Per Brahe d.J. planmäßig gegründet; die Ruine seines Schlosses steht in Uppgränna. In der im Sommer bunt beflaggten Hauptstraße kann man in über 20 Betrieben zuschauen, wie die Riesen-Pfefferminz-Lollis in vielen klebrig-zähen Variationen zubereitet werden; sie wurden 1859 von der Witwe Amalia Erikson erfunden, deren Statue in Södra Parken steht.

Museum: Im neuen Gränna Kulturgård ist auch das Museum über den Arktisforscher Andrée untergebracht. Andrée und zwei weitere Wissenschaftler waren am 11.7.1897 mit einem Heißluftballon von Spitzbergen aus gestartet, um den Nordpol zu erreichen. Ihre Reste wurden erst 30 Jahre später gefunden. Andrées Andenken wird alljährlich mit einem großen Ballontreffen am 11. Juli geehrt.

Umgebung: Vom Hafen tgl. mehrere Abfahrten zur Vätterninsel **Visingsö**, dort verschiedene Besichtigungstouren mit Pferdewagen. Auf der Insel wurden um 1830 rund 50 000 Eichen für den Bau von Kriegsschiffen gepflanzt. Das Holz einiger dieser ausgewachsenen Bäume diente zur Restaurierung des Stockholmer Regalschiffs Vasa.

ⓘ Gränna Turistbyrå, Grenna Kulturgård, Box 104, S-56322 Gränna, Tel. 0390 41010, Fax 0390 10275, www.grm.se

Läckö ⑥

Insgesamt 22 000 Inseln und Schären verteilen sich über den knapp 5550 km² großen Vänersee. Von Süden her ragt die Halbinsel Kållandsö in das Binnenmeer, an ihrer Spitze das weiße, über eine Brücke zugängliche Inselschloss Läckö, an dem auch die Götakanal-Schiffe vorbeifahren.

Sehenswert: Im 13. Jh. Sitz der Bischöfe von Skara, 1615 schenkte es der Schwedenkönig dem französischen Protestanten Jacob de la Gardie für militärische Verdienste. Drei Jahrhunderte verfiel Läckö, nun leuchtet das **Schloss** wieder über dem See, restauriert als Kulturzentrum mit barockem Ambiente (Abendveranstaltungen im Schlosshof, Café und Restaurant; Mai–Aug. Führungen 11.00 bis 17.00 Uhr). Auf dem Weg dorthin ist der benachbarte Fischerort **Spiken** mit seinen Räuchereien einen Halt wert.

Auch auf der nördl. in den Vänern greifenden Halbinsel Värmlandsnäs wurde ein Schloss in besonders schöner Lage gebaut: **Ekenäs** (17. Jh.) mit prächtigem Blick.

Degerfors ⑦

Der kleine Ort hat ein Naturreservat mit von der Eiszeit gehöhlten ›Gletschertöpfen‹, Kliffs und einem unheimlich wirkenden Bergsee zu bieten.

Museen: Interessant ist auch das Museum seines traditionsreichen Fußballklubs (Fotbollsmuseum, Stora Valla vägen 4; Di.–Fr. 13.00–17.00 Uhr) und ein Museumsdorfladen vom Ende des 19. Jh. im Ortsteil Håkanbol (südl.; Infos im Turistbyrå). Wie die meisten anderen Orte auch besitzt Deger-

SPECIAL

Nostalgietrip Götakanal

Die Reederei-Gesellschaft Götakanal bietet zwei Kreuzfahrt-Variationen an: Die klassisch-historische Strecke Stockholm–Göteborg oder umgekehrt wird von den dieselgetriebenen, extra für die 66 schmalen Schleusen dimensionierten Schiffen ›Juno‹ (Baujahr 1874) und ›Wilhelm Tham‹ (1912) in vier oder sechs Tagen zurückgelegt. Bei der kürzeren Tour liegt das Schiff nur eine Nacht im Hafen von Motala und fährt sonst durch, bei der längeren macht es jeden Abend in einem Hafen fest und ermöglicht so einen ausgedehnteren Landgang. Es gibt auch 2-Tages-Fahrten mit der ›Diana‹ (1931) auf dem interessanten Schleusenabschnitt Söderköping–Motala. Größe und Ausstattung der Kabinen gleichen einem Schlafwagenabteil 1. Klasse. Im Speisesaal wird ein festes Menü serviert, Reisebegleiterinnen unterrichten in drei Sprachen über die Tagesetappen. Reisezeit etwa von Pfingsten bis Ende Aug./Mitte Sept. An den Endliegeplätzen Skeppsbrokajen in Stockholm und Packhuskajen in Göteborg gibt es kein Langzeitparken. Wer sich für den kostspieligen Trip entscheidet, sollte frühzeitig buchen (Rederi AB Göta Kanal, Pusterviksgatan 13, S-41301 Göteborg, Tel. 031 806315, Fax 031 158311, www.gotacanal.se).

Mehr Burg als Schloss: Örebro Slott

fors einen ›Hembygdsgård‹, ein Heimatmuseum (nordöstl. im Ortsteil Knutsbol; Infos im Turistbyrå).

Aktivität: Die Trasse der alten Otterbäcksbahn lässt sich per Draisine erkunden.

Umgebung: Kristinehamn am Vänern-Nordende (nordw.) hat ein Museum für etablierte und experimentelle Kunst am Valösund (Juni–Aug., wechselnde Zeiten). Auf einer Udde, einem Felsvorsprung des Sunds, die größte, totemartige Skulptur Picassos. Ihre erstaunliche Entstehungsgeschichte ist dort dargestellt (Terrassencafés mit Blick auf Werk und Wasser). Die reich ausgestattete Holzbarockkirche Ramundeboda (1608) wurde von einem alten Klosterplatz ins südl. gelegene **Laxa** verpflanzt.

Der weiter südl. gelegene Nationalpark ist nur das Kernstück des **Tiveden-Gebiets**. Dort liegt der See Stora Trehörnigen mit einem kreideweißen Badestrand und glasklarem Wasser. Im weit größeren See Unden beträgt die Sichttiefe gar 20 m. Im See Fagertärn blühen Mitte Juli–Mitte Aug. rote Teichrosen, besser mit dem Fernglas vom 2,5 km langen Rundweg zu entdecken. Munkastigen und Bergslagsleden führen als längere Wanderpfade durch das Gebiet. Zwischen Laxa und dem See Skagern sind in Vargavidderna noch Wölfe heimisch.

ⓘ Degerfors Turistbyrå, Medborgarplatsen, S-69380 Degerfors, Tel. 0586 48393, Fax 0586 48386, www.degerfors.se

ÖREBRO 8

An der Schnittstelle zwischen Bauernland und Bergbaugebiet erlangte Örebro als Handelspunkt schon früh Bedeutung. Die Furt wurde im 13. Jh. befestigt. Heute ist die Stadt (123 000 Einw.) als Verwaltungs- und Ausbildungszentrum der Region wichtig.

Sehenswert: Das **Schloss** (14.–16. Jh.) und davor die steinerne **Bogenbrücke** am Fluss Svartån sind das Herz der Stadt. Die ältesten Teile, so ein Turm, waren zunächst Festungswerk, dann Staatsgefängnis, zur Vasa-Zeit aber auch königliche Residenz, und zuweilen versammelte sich hier der Reichstag (Führungen in Englisch Mitte Juni–Ende Aug. tgl. 13.30 und 15.30 Uhr. Schlosshistorische Ausstellung Juni–Aug. Mo.–Fr. 10.00–18.00, Sa. und So. 10.00–16.00 Uhr). Am nahen Rathaus erklingt von Mai bis Sept. ein Glockenspiel mit sechs Figuren aus sechs Epochen um 12.03, 18.03 und 21.00 Uhr.

In der **St. Nicolai Kyrka** aus dem 13. Jh. wurde 1810 der französische Marschall Jean Baptiste Bernadotte, der vier Jahre zuvor den preußischen Haudegen Blücher bei Lübeck zur Kapitulation gezwungen hatte, als Karl XIV. Johan zum schwedischen Thronfolger gekürt. Der gegenwärtige Monarch Carl XVI. Gustaf ist der siebente Bernadotte dieser Königsdynastie.

TIPP

Wo Kraniche tanzen

Im Dreieck zwischen Skara, Skövde und Falköping liegt der Hornborgasjö, einer der bedeutendsten Vogelseen Europas. Vor allem, weil hier Tausende von Kranichen auf ihrem Zug in nördlichere Brutgebiete und zurück in den Süden Station machen. Hier führen sie im April ihren spektakulären Paarungstanz auf. Zu beobachten vom Ausguck eines Naturums im seichten Wasser. Es gibt noch weitere Vogeltürme und auch markierte Wege. Aber auch über 250 andere Vogelarten, darunter seltene Seeadler, Sumpfhühner, Kampfläufer und die einzige Kolonie von Schwarzhalstauchern in Schweden. In Seenähe liegen zehn große Parkplätze. Weitere Vogelreservate sind der nahe See Östen nördl. Skövde mit ebenfalls mehreren Beobachtungsstationen und der Verlandungssee Takern bei Vadstena; eine Ausstellung über seine Fauna und Flora ist am Schloss Vadstena zu finden (Lilla Hamnarmen).

Im Stadtpark das Holzbautendorf **Wadköping** mit Aktivitäten und Museen (Mai bis Sept. tgl. außer Mo. 11.00–17.00 Uhr). Vom Aussichtscafé des pilzförmigen Wasserturms **Svampen** (Dalbygatan) bietet sich ein schöner Stadtrundblick. Westl. des Zentrums liegt der **Karlslunds Herrgård**; in der alten Mühle ist ein Technikmuseum untergebracht, das Kindern viele Experimentiermöglichkeiten bietet (Juni–Aug. tgl 11.00 bis 17.00 Uhr, Sept.–April Mo. geschl.).

Umgebung: Glanshammars Kyrka, östl. gelegen, ist eine der stattlichsten und größten Landkirchen Schwedens mit Wand- und Deckenmalereien aus dem 13. Jh.

Ausschließlich Wolfsburger Produkten ist das **Volkswagenmuseum** in **Pålsboda** (südl.) vorbehalten (April–Okt. 1. So. im Monat 11.00–16.00 Uhr).

Wald und Wasser waren Voraussetzungen für die Verhüttung und Verarbeitung von Eisenerz. Aus einem Eisenhammer wurden Hüttenindustrien. **Brevens Bruk** am See Sottern (weiter östl.) gilt als eine der besterhaltenen, präsentiert Industriemilieu aus dem 18. und 19. Jh. mit Hütten, Hüttenkirche und schönem Mittsommerfest (Tel. 019 454098).

ⓘ Destination Örebro, Slottet, S-70135 Örebro, Tel. 019 212121, Fax 019 106070, www.orebro.se/turism

Was lässt sich aus einem Käfer nicht alles machen: im Volkswagenmuseum von Pålsboda

BENSIN

Das raue Land am Ozean

Es ist eine rauere Welt an der Westküste, von Sturm und Wind zerschlagen in viele kleine Inseln, Klippen und rund und glatt geschliffene Buckel. Gerade seine spröde Natur hat Bohuslän ebenso wie Dalsland zu einem traditionellen Urlaubsziel werden lassen – und das nicht nur für die Menschen der zweitgrößten schwedischen Metropole, für Göteborg.

Als typische Westküsten-Schärenlandschaft präsentiert sich die Umgebung von Kungshamn.

▲ *Mit maritimem Flair: Göteborgs neue Oper direkt am Hafen*

▲ *Das Palmenhaus in Göteborgs Wallanlagen*

▲ *Die Welt steht Kopf: Vergnügungspark ›Liseberg‹*

▼ *Blick über das Schifffahrtmuseum ›Maritima Centrum‹*

▲ Skanska-Hochhaus und ›Viking‹: Blick von der Oper ▼ Snack an Deck im Schifffahrtsmuseum

Schwedens Tor zur Welt heißt Göteborg. Eine ständige Salzbrise vom Skagerrak durchweht hier die Straßen. Denn anders als Stockholm liegte diese Stadt nicht geschützt mitten in einem ausgedehnten Inselreich, der Schärengürtel flankiert hier vor allem nordwärts den kurzen, aber breiten Hafenstrom des Götaälv.

Seine Mündung wurde schon genutzt, bevor hier eine Stadt entstand, als Schwedenkönig Gustav II. Adolf vor knapp 400 Jahren diesen atlantischen Zugang seines Reiches ausbaute. Die Ostindienfahrt gab dann entscheidende Wachstumsimpulse, bald war Göteborg größter Handelshafen Nordeuropas. Doch auch hier mussten in der letzten Zeit Werften auf dem jenseitigen Ufer des Götaälv schließen. So blieb dem lebhaften Fährbetrieb mit Deutschland, Dänemark und Norwegen und den Kreuzfahrtschiffen und Großseglern, die häufig einlaufen, die Aufgabe, für weltläufiges Flair zu sorgen. Ein maritimes Zentrum gleich neben einer futuristisch anmutenden Oper vereint Veteranenschiffe.

Aber Göteborg ist mit seiner Fülle von Museen, Ausstellungen und Institutionen auch ein Schwerpunkt schwedischen Kulturlebens. Schließlich sei man die zweite Hauptstadt, wenn nicht gar ... Nirgendwo im Land gäbe es solch ein Savoir-vivre, behaupten Lokalpatrioten. Um die Oper und auf der ›Aveny‹ sei an schönen Abenden ein Treiben wie in keiner anderen skandinavischen Stadt. Sogar den weltbekannten Kopenhagener ›Tivoli‹ meint man mit dem Vergnügungspark ›Liseberg‹ zu übertrumpfen.

Erholung in den Schären

Wer sich dann nach so viel Betriebsamkeit verpusten möchte, steigt einfach in die Straßenbahn nach Saltholmen und dort in eines der Schärenboote. Lässt sich etwa hinübertragen zur autofreien Brännö, deren ›dans pa bryggan‹, dem Abendtanz auf dem Anleger, von einem in ganz Schweden bekannten Lied besungen wird.

Bohuslän heißt der sich bis zum Eingang des Oslo-Fjords hinziehende Schärenstreifen, der hier vor dem Götaälv beginnt und nach der Feste Bohus an der Teilung des vom Vänern kommenden Flusses bei

▲ Göteborg: der König auf dem Gustav Adolfs Torg

▼ Leckeres Angebot in ›Feskekörkan‹

▲ Hier lässt sich frischer Fisch gut verzehren: ›Feskekörkan‹

▼ *Poseidon vor dem Kunstmuseum: Götaplatsen* ▲ *Flaniermeile ›Avenyn‹*

Kungälv benannt ist. Marstrand am Eingang des tief ins Land greifenden Hakefjords ist, obwohl auch von hier Autos verbannt sind, noch stark von der nahen Großstadt geprägt. Ein vor gut einem Jahrhundert von König Oscar II. und seiner Familie zum ›Wassertreten‹ entdeckter Badeort, der seitdem die ›besseren Kreise‹ und nunmehr eine lustbetonte, junge Schickeria aus Göteborg anzieht.

Die Orte auf den sich weiter gen Norden hin drängenden Inseln und Inselchen, an der Spitze von ›näs‹ genannten Landzungen oder an schmalen Sunden gelegen, sind in ihrem Erscheinungsbild eher seemännisch-rustikal geblieben. Sogar der für sommerlichen Auftrieb bekannte Krabbenhafen Smögen, auf dessen lang gezogener Holzpier mit dicht an dicht vertäuten Jachten ein paar Wochen lang allzu viele ein nicht gerade stilles Amüsement suchen. Auch da ist in der übrigen Zeit das schlichte, salzige Ambiente vorherrschend, nur mit den tuckernden, von gierigen Möwen umschwärmten Kuttern, der unmittelbaren Versteigerung der schon auf See rosa gekochten Shrimps und der schon längst auch aus Stockholm georderten Nordseefische.

Die fingergroßen, duftenden Krabben werden auch gleich danach auf der Rückseite der Auktionshalle als üppiger Räksalad in aufgeschnittenen Baguettes angeboten. Aber ist es nicht ein noch größeres Vergnügen, sie selbst zu pulen und pur in den Mund zu stecken?

Ein schlichter Traum

Eine ›stuga‹ hier ist etwas ganz anderes als ein Sommerhäuschen in den Wäldern des Binnenlands. Sie steht – meist weiß, gelb oder himmelblau gestrichen, seltener rot – auf einer Insellichtung oder an einem kleinen Feld, mit etwas Glück auch mit direktem Zugang zum Wasser. Doch begehrt sind hier vor allem die einstigen, roten Geräteschuppen der heute nicht mehr konkurrenzfähigen Fischer. Direkt am langen Holzsteg wie in Smögen, mit einer breiten, nun zum Beinebaumeln einladenden Luke im Obergeschoss, oder gar mit eigenem Anleger in eine Schärennische gesetzt. Nur, die werden von ihren schwedischen Besitzern als tiefstapelndes Statussymbol ge-

▲ *In Smögen ist man auf Besucher eingestellt*

▼ *Das eigene Boot direkt vor der Tür: Interessant sind Smögens kleine Häuschen am und auf dem Wasser*

▼ *Alles aus Schwedens Fjorden? Souvenirs in den Auslagen von Smögen*

▲ *Hinter der nächsten Schäre hat die Ruhe einen wieder*

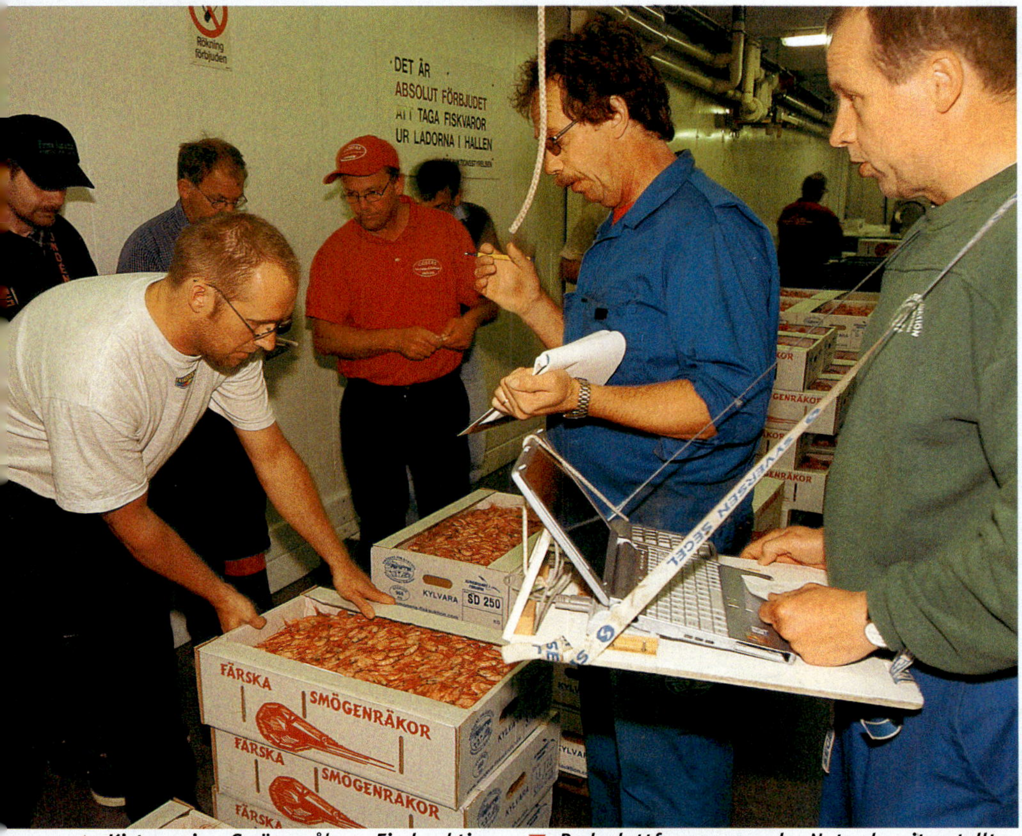

▲ *Kistenweise ›Smögenråkor‹: Fischauktion*

▼ *Badeplattformen, von der Natur bereitgestellt*

hütet, und es gehört selbst in den stillen Wochen Glück dazu, so eine Bleibe direkt am Meer zu finden. Aber es gibt glücklicherweise auch hinreißend ›altmodische‹ Inselpensionen, längst auch komfortable Hotels, die sich am Wasser breit machen, und solche, die sich im Stil den Fischerhütten anpassen.

SPECIAL

Die Wiege der Wikinger?

Ob auch aus dem Bohuslän wilde Wikinger in Drachenbooten Klöster plündernd und brandschatzend bis nach Paris schipperten? Das waren wohl eher in Norwegen und Dänemark heimische Stämme. Skrupellos-kriegerisch waren jedoch auch die Westküstenbewohner des heutigen Schweden. Angeblich erhielten die Wikinger, woher sie auch kamen, ihren Namen nach dem von ›Viken‹, kleinen Buchten gesäumten Königreich auf der Halbinsel Sotenäs. Dazu passt die Legende von der machtbesessenen Königin Astrid, die ihren Mann, Tryggve, ermorden ließ. Im Steinhaufengrab der Insel Tryggö bei Smögen liegt er begraben. Astrid musste daraufhin fliehen, bis nach Rus-Land, und wurde auf dem Sklavenmarkt von Riga an einen reichen Norweger verkauft. Ihr auf der Flucht geborener Sohn Olaf Tryggvason gründete schließlich, und das ist wieder Tatsache, dort um 1000 das Großkönigtum.

In diesem stressfreien Milieu wird jedoch auch hart gearbeitet. Das Erdölterminal Scanraff am tiefen Brofjord steuern Supertanker an, den Fischkonservenfirmen in Klädesholmen und Kungshamn liefern die Fischer ihren bereits nach vorgegebenen Rezepten marinierten Hering in Tonnen an – dort wird er von flinken Frauenhänden mundgerecht in schmale Blechdosen gepackt.

Die geradezu labyrinthische Schärenwelt ist heute gut erschlossen. Fjorde überspannende hohe Brücken, und kostenlose Autofähren von einem Straßenende zum anderen erleichtern den Zugang. Sogar die gesamte Küstenstrecke bis hinauf zu den Kosterinseln wird von Shuttle-Booten bedient – allein das ein Erlebnis. Da fühlt man sich fast als Wikinger.

▲ *Bestes Verkehrsmittel in Dalsland: das Kajak*

▼ *Die Brücke über der Brücke: Aquädukt von Haverud*

▼ *Großes Ereignis: Schleusenöffnung in Trollhättan*

▼ *Gediegenes Ambiente auf Baldersnäs*

▲ *Tradition auf Orust: Bootsbauer Persson*

▼ *›Hällristningar‹ in Aspeberget: Leben ist Kampf*

Flotten auf dem Fels

Im Bohuslän gibt es zwar nicht so viele erzählende Runensteine, dafür haben frühe Vorfahren aus der Bronzezeit erstaunliche Spuren hinterlassen: eine ganze ›Galerie‹ von in den Granit geritzten Felszeichnungen, ›hällristningar‹, deren graffitiartige Symbole und Gestalten weit leichter zu entziffern sind. Die Existenz dieser Felsritzungen war bereits lange bekannt – man hielt sie kurioserweise für einen Zeitvertreib mittelalterlicher Kirchenbauer. Vor einem halben Jahrhundert dann leitete das Archäologische Museum in Göteborg eine systematische Suche ein. Ein Forscher berichtete, wie er vor einem von der Eiszeit glatt geschliffenen Felsen stand, nichts entdecken konnte und schon aufgeben wollte: ›Auf einmal zerriss der Seewind die Wolkendecke, die tief stehende Nachmittagssonne brach durch und traf fast parallel auf die Felsenfläche. Da erschien dort plötzlich eine ganze Schiffsflotte als Schatten, sie verschwand, als wieder Wolken aufzogen.‹

Heute sind viele der nur millimetertiefen Zeichnungen rot ausgemalt, wie sie es wohl schon zu ihrer Entstehungszeit waren. Die minimalistische Reduzierung auf das Wesentliche ist zweifellos große Kunst. Sie schlägt eine Brücke über drei Jahrtausende zu Werken der Gegenwart – der Skulpteur Giacometti kommt in den Sinn, aber auch der Pop-Graffitimaler Keith Haring.

In die Grenzregion Dalsland

Diese vor allem um Tanumshede entdeckten Bildwerke markieren den Übergang zum Dalsland, einer sanften Gegenwelt zum vom Meer geprägten Bohuslän. Hier bildet das Wasser blinkende Inseln im ansteigenden, dichten Wald. Ein Erlebnisreich für Kanuten, Paddler und Floßfahrer. Wanderer können hier unvermutet auf gelbe Schilder stoßen, die mit ›Riksgränsen följer bäcken‹ und ›Riksgrensen folger bekken‹ die Grenze längs eines Bachs und zugleich die Verwandschaft zwischen dem Schwedischen und Norwegischen vor Augen führen. Alle Täler hier leeren sich in den Vänersee. Der wiederum ergießt sich neben den Schleusen des Götakanals als alljährlich genau datiertes Spektakel 30 Meter tief in den Götaälv, und so findet alles Wasser wieder zurück ins Meer.

FREDRIKSTAD
Sarpsborg
Halden
Strömstad
Nord-koster
Sör-Koster
Tanumshede
Grebbestad
Fjällbacka
Kungshamn
Smögen
Lysekil
Orust
Tjörn
Marstrand
Kungälv
Ytterby
Öckerö
GÖTEBORG
Mölndal
Partille
Lerum
Landvetter
Alingsås
Vårgårda
Herrljunga
BORÅS
Ulricehamn
Falköping
Skara
Lidköping
Vänersborg
TROLLHÄTTAN
Uddevalla
Munkedal
Mellerud
Åmål
Säffle
Bengtsfors
Årjäng
Arvika
KARLSTAD
Hammarö
Grums
Kil
Forshaga
Dals Långed
Ed
Dalbo-
sjön
Vänern
Värmlands-
näs
Kinnekulle
Göteborg–Stockholm 56 h
København 2-3½ h
Maßstab 1:750.000
10 km
S
V
E
1
2
3
4
5
6
7
8
78

Infos

Schöner kann man mit einem Schiff kaum liegen: Pier von Smögen

Strömstad 1

Kurz vor der Grenze nach Norwegen liegt einer der ältesten Kur- und Badeorte Schwedens (seit 1781).

Umgebung: **Kosteröarna**, 10 km vor der Küste, sind Schwedens westl., sehr stille Inseln; sie werden von Strömstad aus angelaufen. Nordöstl. Strömstad ›**Blomsholmskepper**‹, eine vorgeschichtliche Steinsetzung in Schiffsform. Ein technisches Denkmal aus Stahlbeton ist **Swinesundbroen**, eine Brücke (420 m lang, 60 m hoch) über den schmalen gleichnamigen Sund, der an dieser Stelle die Grenze zu Norwegen bildet.

ⓘ Strömstad Tourist, Torget, S-45222 Strömstad, Tel. 0526 62330, Fax 0526 62335, www.stromstadtourist.se

Fjällbacka 2

Zu Füßen einen Granitplateaus mit Aussicht über den sich weit ins Meer erstreckenden Schärenarchipel ist Fjällbacka ein Glied aus der Kette der Badeorte und Fischerdörfer. Auf der Insel Dannholmen hatte die Schauspielerin Ingrid Bergman ihr Sommerhaus.

Umgebung: Im Hafen von **Grebbestad** werden Austern angelandet.

TOP ZIEL Landein liegen um **Tanum** etwa 350 Stätten mit Felszeichnungen aus der Bronzezeit (1500–500 v. Chr.), so bei Aspeberget, Litsleby, Fossum, Kalleby, Finntorp und Vitlycke (Unesco-Welterbestätten). Die in den glatten Granit geritzten Wesen kommen mit Booten, bekämpfen sich mit erhobenen Streitäxten und jagen Tiere, ein ›Brautpaar‹ ist der Liebe hingegeben (Vitlycke), anrührend ist das Symbol einer Schwangeren (Fossum). Informationen dazu bietet das **Hällristningsmuseum** in Vitlycke (April–Sept. tgl. 10.00 bis 18.00 Uhr); dazu gehört die Rekonstruktion eines Bauernhofs aus der Bronzezeit.

ⓘ Fjällbacka Turistinformation (Juni–Aug.), Ingrid Bergmans Torg, S-450 71 Fjällbacka, Tel. 0525 32120, www.fjallbacka.com

Smögen 3

Auf der Halbinsel Sotenäs sind besonders viele und wichtige Fischerorte angesiedelt. Zum überaus beliebten, im Sommer arg überlaufenen Smögen führt eine kurze Brücke vom modernen Fischereihafen Kungshamn. Als Heringshafen wurde Smögen bereits 1594 erwähnt. Auktion von Fisch, Krabben, Langustinen und Taschenkrebsen Mo.–Do. 8.00, 17.00 und 19.00, Fr. nur 8.00 Uhr. Am ein paar hundert Meter langen Holzsteg ›strög‹ Butiken, Cafés, Eisbuden und Restaurants.

Umgebung: Zu einem der ältesten Fischerorte der Region, dem 1589 erwähnten **Bohus-Malmön**, gelangt man durch das Heide-Reservat Bua mit hier recht seltenen Sandstränden (außerdem kurze Autofährstrecke). Der Wasserweg nach **Hunnebostrand** und **Bovallstrand** wurde abkürzend als Sotekanalen in den hohen Granit gesprengt. Vom gegenüberliegenden Ramsviksland Zugang zum Königsgrabhügel auf **Tryggö**.

ⓘ Sotenäs Turistbyrå, Hamngatan 6, Box 58, S-456 22 Kungshamn, Tel. 0523 665550, Fax 0523 665559, www.sotenasturism.se

Lysekil 4

Stangenäs ist eine der vielen ›Nasen‹ von Bohuslän. Auf dessen Spitze liegt der kleine Güterhafenort Lysekil, der 2003 sein 100-jähriges Bestehen feiert, mit Meereslaboratorium, aber auch romantischen Holzvillen.

Bei Fossum sind diese Felszeichnungen zu sehen

Sehenswert: In **Havets Hus**, dem größten Meeresaquarium des Landes, kann man durch Unterwasserwelten wandeln (Strandvägen, Saison tgl. 10.00–18.00, sonst bis 16.00 Uhr).

Umgebung: Eine Autofähre bringt hinüber auf die Landzunge Bokenäs. Hier sind an der Spitze **Grundsund** und **Fiskebäckskil** Fischer- und Ferienorte.

ⓘ Lysekils Turistbyrå, Södra Hamngatan 6, S-453 23 Lysekil, Tel. 0523 13050, Fax 0523 12585, www.lysekil.se

Skärhamn 5

Tiefe Fjorde machen **Tjörn** und **Orust**, auf den ersten Blick Festlandvorsprünge, zu Inseln. Das kargere Tjörn ist fünftgrößte Insel Schwedens, das im Nordteil bewaldete Orust nach Gotland und Öland gar drittgrößte. Beide sind seit 1960 durch Brücken mit dem Festland und miteinander verbunden. Orust stößt mit dem für seinen Stockfisch bekannten Ort **Mollösund** ans offene Meer, vorgelagert ist die kahle Käringsö mit einer Lotsenstation. An Tjörns Außenküste liegen die Fischerorte **Rönnäng**, **Klädesholmen** und **Skärhamn**.

SPECIAL

Eine Arche im Norden

Schneeleoparden, Himalayaziegen, Polarfüchse und Grauwölfe vermutet man nicht ausgerechnet an der Skagerrakküste. Doch sie werden, in ihrer Heimat – mit ähnlichen klimatischen Bedingungen wie hier – von der Ausrottung bedroht, im ›wilden‹ Teil eines Tierparks gehegt und gezüchtet, um später in ihrem angestammten Revier wieder ausgewildert zu werden. Auf einem 2,5 km langen Pfad, teils über Brücken und begleitet und belehrt von Tierwärtern, kann man sie in einem ihrer Lebensweise angepassten Milieu beobachten. Im ›zahmen‹ Teil trifft man auf Tiere, die einmal auf schwedischen Bauernhöfen heimisch waren: Bergkühe, Waldschafe und Orusthühner. Man kann, vor allem für Kinder ein Erlebnis, am Gutsleben teilnehmen. Nordens Ark auf dem Hof Åby Säteri liegt auf Sotenäs in der Nähe von Askum (Tel. 052379590, www.nordensark.se; Anf. Juni–Mitte. Aug. 10.00–19.00 Uhr, sonst frühere Schlusszeiten).

Über Göteborgs alten Stadtgraben geht der Blick die ›Avenyn‹ entlang, vorbei am Alten Theater

Museum: In Skärhamn ist in einem modernen Holzbau am Wasser das interessante **Nordiska Akvarellmuseum** untergebracht (Södra Hamnen, Di.–So. 12.00–17.00, Do. bis 20.00 Uhr).

ⓘ Bästkustens Turistbyrå, Kulturhuset Fregatten, S-44431 Stenungsund, Tel. 0303 83327, Fax 0303 68049, www. bastkusten.se

GÖTEBORG 6

Die Ansiedlung erhielt nach Befestigung durch Wallgräben, Mauern und Bastionen 1621 königliches Stadtrecht; die Inselfestung Elfsborg schützte die Hafenzufahrt. Bis dahin waren die Orte an der lange von Dänemark und Norwegen beherrschten Westküste ohne große Bedeutung. Erst als im Dreißigjährigen Krieg die katholischen Habsburger ihren Machtbereich bis an die Ostsee ausgedehnt hatten, ließ Schwedenkönig Gustav II. Adolf diesen Zugang zum Atlantik ausbauen. Einwanderer aus England, Deutschland und vor allem Holland halfen beim Aufbau und waren noch lange anteilmäßig im Stadtrat vertreten. Von den einst die Stadt durchziehenden, an Amsterdam erinnernden Kanälen sind nahezu alle zugeschüttet; allein Stora Hamnkanalen und der zickzackförmige Festungsgraben blieben. Im 18. Jh. wurde die Göteborger Ostindische Kompanie erstes internationales Unternehmen Schwedens; der Fernosthandel brachte eine Zeit lang höheren Umsatz, als der gesamte damalige Reichsetat umfasste. Anfang des 20. Jh. wurden drei große Werften gebaut. Diese Industrialisierung zog weitere Unternehmen an: Die Kugellagerfabrik SKF wurde gegründet; 1927 stellte Volvo hier sein erstes Auto her. Die Firmen Ericsson (Telekommunikation), Hasselblad (Fotoapparate) und Stena-Line sind hier beheimatet.

Göteborg ist heute wichtigste Handels- und Industriestadt Schwedens. Sie hat fast 470 000 Einwohner, im Großraum leben 850000 Menschen. Man rühmt sich der Oper und 25 weiteren Theatern und einer Universität, an der 45 000 Studenten eingeschrieben sind.

Sehenswert: Die alte Stadt innerhalb der Wallgräben ist leicht zu Fuß zu erkunden. Etwa halb so groß ist Nordstaden jenseits von Stora Hamnkanalen zwischen Bahnhof und dem Maritima Centrum an Packhuskajen. Dort ragt rot-weiß wie ein Leuchtturm das **Skanska-Hochhaus** auf mit einem kleinen Café ganz oben; 86 m über Fluss und Stadt bietet dieser ›Utkiken‹ genannte Platz einen orientierenden Rundblick (Mai–Aug. tgl. 10.00 bis 18.00, sonst nur Sa. und So. bis 16.00 Uhr). Ihm direkt zu Füßen liegt das ehemalige Segel-Schulschiff ›**Barken Viking**‹, 1906 in Dänemark gebaut, nun mit Popdeck-Café, Restaurant und Hotel.

Das stadtnächste Hafenbecken ›**Lilla Bommen**‹ war einmal Einfahrt der Stadtkanäle, die nachts mit einem Schlagbaum, ›bommen‹, gesperrt wurden. Dahinter reckt **Göteborgs Operan**, 1994 eingeweiht, ein schiffsbugspitzes Dach zum Meer, eine Verbindung zum **Maritima Centrum**, dem nach eigenem Verständnis ›größten, schwimmenden Schifffahrtsmuseum der Welt‹ (Packhuskajen; Mai bis Aug. tgl. 10.00–18.00 Uhr, sonst kürzer). Über die meist verstopften Uferstraßen hinweg führt eine Fußgängerbrücke direkt ins Herz der Stadt. Ihre Verlängerung durchschneidet das Einkaufszentrum Nordstan und endet an Stora Hamnkanalen. An ihm entlang führt Norra Hamngatan zum schönen Ensemble des Gustav Adolfs Torg mit der Statue des Stadtgründers (1854), umrahmt vom Doppelbau **Stadthaus** (18. Jh.), **Rathaus** (Nicodemus Tessin d. Ä., 1672 und 1937), ehemaliger **Börse** (bis 1849) und **Kristine Kyrka** (1648 und 1748) der deutschen Gemeinde. Weiter zum Fluss hin am Kanal der strenge Imponierbau **Ostindiska Huset**, einst Sitz der Fernostlinie (um 1750; Stadtmuseum). An Holland erinnert ein paar Parallelstraßen weiter **Kronhuset** (Kronhusgatan; bis 1655); der Backsteinbau ist ältestes Haus Göteborgs.

Jenseits von Stora Hamnkanalen Kungsportsplatsen mit dem Informationszentrum und nahebei Kungstorget mit **Saluhallen**, 1889 fertig gestellt und ein kulinarischer Bazar. Zwar gibt es Fisch auch hier, doch die ganze glänzend-frische Meeresernte ist wiederum ein Stück dem Hafen zu in ›**Feskekörkan**‹ ausgebreitet, die diesen Namen trägt, weil sie, obwohl turmlos und als Auktionshalle 1874 erbaut, mit ihren spitz zulaufenden Seitenfenstern einer Kirche ähnelt (Rosenlundsgatan; Di.–Sa., im Sommer auch Mo.). Zurück zum im Zickzack verlaufenden Rosenlundskanal, an dem auch der Gemüsemarkt Grönsakstorget liegt. Alles überragt die klassizistische **Domkyrke** von 1815.

Eine einzigartige Atmosphäre des späten 19. Jh. hat am anderen Ufer der Park von Trädgårdsföreningen bewahrt; wie in vielen anderen Städten auch, wurden die Wallanlagen in einen Grüngürtel verwandelt. Das weit ausladende Glashaus **Palmhuset** von 1878 ist eine Kopie des Londoner Chrystal Palace. Es gibt dort auch ein sehr feines Restaurant, ein Rosarium, einen Duftgarten, ein Schmetterlingshaus, ein Kindertheater, Konzerte und Veranstaltungen (Mai–Aug. tgl. 7.00–21.00, sonst bis 19.30 Uhr. Eintritt, bei Veranstaltungen erhöht).

Feuchtes Vergnügen im Freizeitpark ›Liseberg‹

TIPP

Göteborg Pass

Dieser Touristenpass gewährt u.a. freie Fahrt auf Straßenbahnen, Stadtbussen und Rundfahrtbooten, freies Parken, freien Zugang zu Trädgardsföreningens Park und zum Vergnügungspark Liseberg sowie zu den meisten Museen. Schließlich auch Sonderpreise in einigen Restaurants und Geschäften. Der Göteborg Pass gilt für 24 oder 48 Std. ab dem Zeitpunkt des Kaufs, ist erhältlich im Turistbyrå und kostet pro Tag etwa 20 Euro, für Kinder (unter 17 Jahre) 15 Euro.

Infos

Die Architektur des Palmenhauses lässt sich auch wunderbar von innen genießen

Als einzige schwedische Stadt besitzt Göteborg einen weltstädtischen Boulevard, die von Kungsportsplatsen sanft ansteigende Flanier- und Shoppingmeile Kungsportsavenyen, stolz ›Avenyn‹ abgekürzt. Sie endet am Götaplats mit dem Poseidon-Brunnen von Carl Milles, Wahrzeichen der Stadt; der nackte Gott erregte bei seiner Enthüllung 1931 heftige Empörung. Auf ›Avenyn‹ gibt es neben Schick und Design auch viele Restaurants, Cafés und Nachtklubs, besonders am Abend ist das Ambiente grandios.

Von dort ist es nicht weit nach **›Liseberg‹**, seit 80 Jahren größter und spannendster Vergnügungspark Skandinaviens für jährlich immerhin mehr als drei Mio. Besucher (www.liseberg.se; Saison Mitte April–Aug., tgl. 12.00 bzw. 15.00–22.00 bzw. 23.00 Uhr). Von Kungsportsbron befahren Ausflugsboote sowohl die Stadtkanäle als auch den Hafen bis zur Inselfestung Elfsborg. Stena Lines Deutschland-Terminal liegt ein ganzes Stück stromab am Fischhafen, der Dänemark-Terminal nahe dem Rosenlundskanal.

Museen: Im **Stadtmuseum** u. a. das einzige in Schweden erhaltene Wikingerboot (›Äskekärrsskeppet‹) und natürlich die Darstellung der ehemaligen Handelsgesellschaft Ostindische Kompanie (Norra Hamngatan 12, Mai–Aug. tgl. 10.00–17.00, Sept.–April tgl. außer Mo. 10.00–17.00 Uhr).

Göteborgs Konstmuseum ist mit Werken von u. a. Carl Larsson, Anders Zorn und Edvard Munch das weltweit bedeutendste Museum für nordische Kunst (Götaplatsen; tgl. außer Mo. 11.00–17.00, Di. und Do. bis 18.00, Mi. bis 21.00 Uhr).

Ausstellungen moderner und zeitgenössischer Kunst zeigt **Göteborgs Konsthall** (Götaplatsen; tgl. außer Mo. 11.00–17.00, Di. und Do. bis 18.00, Mi. bis 21.00 Uhr).

TOP ZIEL **Röhsska Museum** ist Schwedens einziges Museum für Design und Kunsthandwerk sowie Möbel. Es zeigt auch chinesisches Kunsthandwerk aus vier Jahrtausenden (Vasagatan 37; Mi.–So. 12.00–17.00, Di. bis 21.00 Uhr).

Das **Sjöfartsmuseum** präsentiert ein eindrucksvolles Bild von vier Jahrhunderten schwedischer Seefahrt. Aquarien mit Tieren der Ostsee, Westküste, der Binnenseen und Tropen (Karl Johansgatan 1; Mai–Aug. tgl. 10.00–17.00 Uhr, sonst kürzer).

Das **Universeum** ist Schwedens Wissenschaftszentrum mit Regenwald- und Wasserlandschaften, lebenden Tieren und Experimentier-Räumen (Korsvägen nahe Liseberg; tgl. außer Mo. 11.00–18.00, Mi. bis 20.00 Uhr).

ⓘ Göteborgs Turistbyrå, Kungsportsplatsen 2, S-411 10 Göteborg, Tel. 031 612500, Fax 031 612501, www.goteborg.com

Trollhättan 7

Die Industriestadt (50 000 Einw.) breitet sich auf uraltem Siedlungsgebiet aus, erhielt aber erst 1916 Stadtrecht. Größte Firmen sind die Saab-Automobilwerke und die Saab-Flugzeugwerke.

Sehenswert: Der Götaälv ist der Abfluss des Vänernsees. Neben einem Schleusensystem (1916) für die Götakanalschiffe wird er seit 1910 zur Energiegewinnung gestaut. Nur im Sommer werden die Wehre (›slussarna‹) zeitweise geöffnet, dann stürzen sich die Wasser wieder in das natürliche Flussbett. Dieses Spektakel zieht Tausende von Besuchern an (Mai–Juni nur Sa., Juli–Aug. Mi., Sa. und So. jeweils um 15.00 Uhr, Mitte Juli sogar ein ganzes Wochenende).

Museen: Seit über 50 Jahren werden hier die **Saab-Automobile** produziert. Das Werk ist auf Anfrage zu besichtigen, das Museum mit Fahrzeugen ab 1946 Juni–Mitte Aug. tgl. 10.00–18.00, sonst tgl. außer Mo. 11.00 bis 16.00 Uhr.

Im **Kanalmuseum** an den oberen Schleusen u. a. Schiffsmodelle und Infomationen zu den Schleusen (Juni–Aug. tgl. 11.00–19.00, April, Mai und Sept. Sa. und So. 12.00–17.00 Uhr).

ⓘ Trollhättan Turistbyrå, Akersjövägen 10, S-461 29 Trollhättan Tel. 0520 488472, Fax 0520 488424, www.visittrollhattan.se

SPECIAL

›Neuer‹ Windjammer

In einem Werftbecken von Eriksberg gegenüber dem Deutschland-Fährterminal ist man dabei, ein Stück stolzer Stadtgeschichte zu neuem Leben zu erwecken. Nach alter Weise wurde dort Balken für Balken und detailgetreu ein Großsegler aus dem 18. Jh. auf Kiel gelegt, ›Ostindienfararen Götheborg‹, der nach Fertigstellung wieder nach Fernost in See stechen soll. Der Fortschritt der Arbeiten kann besichtigt werden (Svenska Ostindiska Companiet, Eriksberg; Mo.–Fr. 11.00–18.00, Sa., So. und Fei. bis 16.00 Uhr. Stadtfähre Älvsnabben von Lilla Bommen).

Bengtsfors 8

Die Grenzregion Dalsland ist nur dünn besiedelt, sie hat die meisten Seen der schwedischen Provinzen, sie verlaufen in Quarzittälern von Nord nach Süd. Nur 10 km Kanalbau waren notwendig, um sie als Transportweg für die höher gelegenen Sägewerke und Eisenhütten zu verbinden. 1868 wurde diese insgesamt 254 km lange Wasserstraße eingeweiht. Bengtsfors ist das touristische Zentrum der Region.

Dalslands Kanal: Von **Töcksfors** in den Grenzbergen bis **Köpmannebro** am Vänern ist er über 26 Schleusen befahrbar mit Kanu, bäuerlichem Holzboot, Sportbooten – eigenen oder gemieteten – und vier Passagier-Motorschiffen. Der Kanal ist offen vom 10. Juni bis Aug.; eine detaillierte Broschüre ›Dalsland-Kanal‹ informiert auf Deutsch. Spektakulär ist die Überbrückung der Stromschnellen bei **Haverud** durch eine stählerne Fahrrinne, darüber führt noch eine Straßenbrücke.

Aktivität: Die 52 km lange, stillgelegte Eisenbahnstrecke Bengtsfors–Årjäng kann man per **Draisine** erstrampeln (wegen großen Interesses frühzeitig vorbestellen).

Umgebung: Auf einer Landzunge im Laxsjö der Herrenhof **Baldersnäs** (um 1900) in einem englischen Park mit 8 km langer Seepromenade. In der Nähe von Dals Langed die Felszeichnungen von **Högsbyn**; kurios die Figur, die auf einem Schiff einen Salto rückwärts macht.

ⓘ Turistbyrå, Tingshustorget, S-666 30 Bengtsfors, Tel. 0531 526355, Fax 0531 526018, www.bengtsfors.se

Anreise

Auto: Von Flensburg **Autobahn** durchgehend bis Malmö (Mautgebühr Storebæltbrücke und Öresundbrücke). Abkürzend über Lübeck nach Fehmarn, weiter mit den in kurzen Abständen verkehrenden Fähren der Vogelfluglinie nach Rødby und über Kopenhagen auf die Öresundbrücke (Mautgebühr). Bequemer ist der **DB AutoZug** von Frankfurt/Neu-Isenburg bzw. Stuttgart/Kornwestheim nach Sassnitz oder Rostock; weiter mit Autofähren (Beratung und Buchung unter Tel. 01805/241224 oder www.dbautozug.de).

Eisenbahn: Von Hamburg über die Vogelfluglinie bis Kopenhagen, von dort beispielsweise mit dem Hochgeschwindigkeitszug X 2000 nach Stockholm. Oder von Berlin über Sassnitz nach Trelleborg und weiter.

Flugzeug: Von allen großen deutschen Flughäfen Direktflüge nach Stockholm und Göteborg mit Lufthansa und SAS sowie von Frankfurt-Hahn und Hamburg-Lübeck mit Ryanair nach Stockholm. Weiter mit Inlandsflügen der SAS. Vom Stockholmer Flughafen Arlanda mit dem schnellen Pendelzug zum Hauptbahnhof/Centralstation Stockholm.

Schiff: In 7–9 Std. Tages- oder Nachtfahrt mit der TT-Line von Travemünde nach Trelleborg, in der Hauptsaison 4–5 Mal tgl., sonst 2–5 Mal. Von Rostock ebenfalls mit der TT-Line nach Trelleborg, entweder 2–3 Mal tgl. mit dem schnellen Clipper-Service (Katamaran) in knapp 3 Std. oder Tages- oder Nachtfahrt mit größeren Schiffen in 5,5–7 Std. Auf gleicher Strecke mit Scandlines Hansaferry in knapp 6 Std. 3–4 Mal tgl. Tages- oder Nachtfahrt; mit Scandlines auch 4–5 Mal tgl. in knapp 4 Std. von Sassnitz nach Trelleborg. Von Kiel nach Göteborg mit StenaLine einmal tgl. über Nacht in 13,5 Std.; Stena bedient auch 2–3 Mal tgl. die Strecke von Grenå nach Varberg in 4 Std. und 10 Mal tgl. von Frederikshavn nach Göteborg in 2 bzw. 3,25 Std.

Arzt und Apotheke

Ärztliche Versorgung: Das Gesundheitswesen ist gut ausgebaut. Im Krankheitsfall wendet man sich an eine ärztliche **Gemeinschaftspraxis** (›Läkarehuset‹), auf dem Land an eine ›Vardcentral‹, in Städten an die ›Akutmottagning‹ eines **Krankenhauses**. Das ›Sjukhus‹ ist an Überlandstraßen ausgeschildert. Man bezahlt pauschal zwischen 16 und 28 Euro und sollte für die spätere Erstattung das **Formular E 111** vorlegen; es empfiehlt sich eine Auslandskrankenversicherung.

Eine Spezialität aus Schonen: Baumkuchen

Apotheken haben werktags 9.00–18.00 Uhr geöffnet, an Wochenenden gibt es ›Jourapotheken‹ für Notfälle. Selbst einfache Medikamente sind oft rezeptpflichtig.

Auskunft

Überregional: Visit Sweden, Box 90, S-88122 Sollefteå, Tel. 0080030803080 (gebührenfrei), Fax 004662015011, www.visit-sweden.com. Schweden-Werbung für Reisen und Touristik, Lilienstraße 19, D-20095 Hamburg, Tel. 0080030803080 (gebührenfrei), Fax 040/32551333.

Regional: **Skåne**: Skånes Turistråd, Bredgatan 25, S-22121 Lund, Tel. 004646350570, Fax 004646122372, www.skaneturist.se. **Blekinge**: Blekinge Turism, Öjavadsvägen 2, S-37636 Svängsta, Tel. 004645434622, Fax 004645434611, www.blekingeturism.com. **Småland**: Smålands Turistråd, Box 1027, S-55111 Jönköping, Tel. 004636199570/71, Fax 004636714301, www.visit-smaland.com. **Halland**: Hallands Turist, Box 68, S-30103 Halmstad, Tel. 004635109560, Fax 004635121237, www.hallandturist.se. **Västergötland/Bohuslän/Dalsland**: Västsvenska Turistrådet, Kungsportsavenyen 31, S-41136 Göteborg, Tel. 004631818300, Fax 004631818301, www. vastsverige.com. **Sörmland**: Destination Sörmland, S-61188 Nyköping, Tel. 0046155245900, Fax 0046155288369, www.sormland.se.

Botschaft: **Deutsche Botschaft** und **Generalkonsulat** in Schweden, Skarpögatan 9, Box 11593 Stockholm, Tel. 086701500, Fax 086701572.

Autofahren

Das **Straßennetz** ist sehr gut ausgebaut, der Verkehr außerhalb der Ballungsgebiete gering. Schwedische Autofahrer halten sich an Tempolimits, die auf den Schnellstraßen häufig wechseln. Es wird nicht gedrängelt, langsame Fahrzeuge können auf Seitenstreifen ausweichen, um Überholvorgänge zu erleichtern. **Höchstgeschwindigkeit** innerhalb geschlossener Ortschaften 30 bzw. 50km/h, außerhalb 70 bis 90km/h, auf Autobahnen 90–110km/h, Limit für **Wohnwagengespanne** 80 km/h. **Abblendlicht** ist auch bei Tagesfahrten einzuschalten. **Elch-Warnschilder** besonders bei Dämmerung ernst nehmen: Die Hälfte aller Verkehrsunfälle gibt es durch Wildwechsel. Die **Promillegrenze** liegt bei 0,2‰. Es gibt keine **Notrufsäulen**; **Pannenhilfe** (larmtjänst) über 020910040, **Polizei** und **Feuerwehr** über 112. **Tankstellen** können weit auseinander liegen; auf dem Land gibt es zuweilen nur Münzzapfsäulen (sedel/konto), hier zahlt man mit 20-, 50- oder 100-Kronenscheinen bzw. Kreditkarte.

Essen und Trinken

Das **Lebensmittelangebot** in Supermärkten und auf Marktplätzen ist durchaus europäisch-üppig. Da **Gemüse und Obst** etwas später reifen als in Mitteleuropa, werden die heimischen Kartoffeln oder Erdbeeren besonders begrüßt, auch wenn sie mehr kosten als die südlichen Importe. Obst für unterwegs gibt es auch an Tankstellen, oft schon am frühen Morgen auch ein ›smörgås‹ mit Krabben und Ei. Eine größere Auswahl haben Cafés. Das einst legendäre **Frühstücksbuffet** ist in den meisten Hotels auf ein kontinentales Standardangebot geschrumpft. Wer sich eine ›frokost‹ selbst bereitet, findet zum Müsli in den Läden ein Angebot von Milch (mjölk) und Sauermilch (filmjölk), dagegen passt ›gräddfil‹ (saure Sahne) eher zu Hering (sill) und Kartoffeln (potatis). In den Fischerorten kann man sich zum **Picknick** mit ›rökt fisk‹ versorgen.

Reisedaten Südschweden

Flug von Deutschland	Inlandsverkehr	Reisepapiere	Devisen	Mietwagen	Benzin	Hotel	Ferienhaus	Menü	Einfaches Essen	Ortszeit
Frankfurt/M.–Stockholm und zurück ca. 300 €	Busfahrt Göteborg–Örebro 275 SEK	Personalausweis oder Reisepass	1€ = ca. 9 SEK (Schwedische Kronen)	ab 60 € pro Tag (unbegrenzte Kilometer, Versicherung)	In der Regel etwa gleicher Preis wie in Deutschland	DZ/Frühstück: Luxuskategorie ab 250 €, Mittelklasse ab 100 €	pro Woche (Hochsaison): einfach ab 350 €, mittel ab 600 €	3 Gänge ohne Wein pro Pers. ab 500 SEK	Smörgåsbord (Mittagsbuffet) ab 140 SEK	Sommer- und Winterzeit wie in Deutschland

Daten und Fakten

- **Landschaft:** Das besprochene Südschweden umfasst etwa ein Drittel des ganzen Landes und eine Gesamtfläche von etwa 150000 km². Besonders im Süden besteht ein erheblicher Teil aus Binnengewässern, darunter die beiden großen Seen Vänern und Vättern. Die Landschaft weist hier keine besonderen Höhenunterschiede auf – lediglich in Dalsland im Westen an der Grenze zu Norwegen besitzt sie Mittelgebirgscharakter. Das Binnenland prägen immer noch Wälder, die Küsten zwischen Stockholm und Öland sowie von Bohuslän im Westen werden von Schären bestimmt, die zusammen mit den beiden sonnenreichen Inseln Gotland und Öland zu den landschaftlichen Höhepunkten zählen.
- **Verwaltung:** Schweden, offiziell ›Konungariket Sverige‹, ist eine parlamentarisch-demokratische Monarchie. Die genannten Landschaftsnamen wie Skåne oder Sörmland sind historisch. Das zentralistisch gesteuerte Reich ist in ›Län‹ genannte Verwaltungsbereiche unterteilt, denen je ein von der Regierung ernannter ›Landshövding‹ vorsteht. Auf kommunaler Ebene besteht dagegen eine Selbstverwaltung. Frauen stellen fast die Hälfte der 349 Abgeordneten im ›Riksdag‹, dem Parlament, das alle 3 Jahre im September neu gewählt wird. Der König hat nach einer Verfassungsänderung von 1975 nur noch repräsentative Funktionen als Staatsoberhaupt. Das Parteiprogramm der seit 1920 nur mit kürzeren Unterbrechungen regierenden Sozialdemokraten fordert zwar immer noch die Abschaffung der Monarchie, doch in Umfragen stimmt die überwältigende Mehrheit der Bevölkerung für ihre Beibehaltung. Die Thronfolge wird nach einer Gesetzesänderung von 1980 das erstgeborene Königskind antreten und damit erstmals eine Prinzessin, die 1977 geborene Victoria.
- **Bevölkerung:** Von den 8,8 Mio. Einwohnern leben 80% in dem hier besprochenen Südschweden, in einem Dreieck zwischen den Städten Stockholm, Malmö und Göteborg. Im Großraum dieser drei Städte wiederum konzentriert sich ein Drittel der Gesamtbevölkerung. Da bleibt viel Raum für den Rest. Auch Schweden ist ein Zuwanderungsland geworden, was besonders in den Ballungsgebieten deutlich wird; der Ausländeranteil von etwa 10% rekrutiert sich noch überwiegend aus den Ostseeanrainerstaaten, aber Wohlstand und politische Stabilität wirken sehr anziehend. Der Durchschnittsschwede zahlt etwa ein Drittel seines Brutto-Einkommens als Kommunalsteuern, ein Fünftel an den Staat, dazu Abgaben zur Altersversorgung – sein jährliches ›Gehalt‹ von 4,3 Mio. Euro versteuert der 1946 geborene König Carl XVI. Gustaf wie jeder andere Bürger auch. Die Lebenshaltung belastet außerdem eine Mehrwertsteuer von 25%; nur Bücher und Touristikleistungen sind niedriger besteuert. Da die Einkommen jedoch hoch sind, kann sich dennoch jeder 5. Schwede ein Sommerhaus leisten und jeder 6. ein Boot. In den meisten Familien verdienen zudem beide Elternteile; rund 75% der Frauen sind berufstätig. Es gibt außer dem Kindergeld nicht steuerpflichtige Beihilfen z.B. für Schüler; öffentliche Verkehrsmittel sind hoch subventioniert. Die evangelisch-lutherische Glaubensgemeinschaft umfasst 95% der Bevölkerung. Sie war bis 1996 Staatskirche, in die jeder Schwede bei Geburt automatisch aufgenommen wurde. Heute sind Staat und Kirche getrennt.
- **Wirtschaft:** Wichtigste Wirtschaftszweige sind Maschinenbau, Holz verarbeitende Papier- und Zellstoff-, chemische und Nahrungsmittelindustrie, eine zur Weltspitze rechnende Informations-Technologie sowie mehr und mehr der Tourismus. In der Land- und Forstwirtschaft arbeiten nur noch 3% der Erwerbstätigen, durch nachhaltige Bewirtschaftung decken sie jedoch zwei Drittel des Eigenbedarfs. 2002 wurde vorerst noch einmal ein Haushaltsüberschuss erwirtschaftet. Die Inflation lag bei 2,8%, die Arbeitslosigkeit bei 5%. Seinen Energiebedarf deckte Schweden lange vor allem aus zu diesem Zweck gestauten Nordlandflüssen. So nennt sich die staatliche Energiebehörde auch weiterhin ›Vattenfallverket‹. 1980 wurde in einer Volksabstimmung beschlossen, bis 2010 die 12 Kernkraftwerke stillzulegen. Dieser Zeitpunkt wird jedoch nicht einzuhalten sein, da bisher nicht genügend umweltschonende und preiswerte Alternativen zur Verfügung stehen. Denn gegen eine weitere Aufstauung der großen Flüsse vor allem in Nordschweden wenden sich gerade Umweltfreunde, da sie das Landschaftsbild und die dort sehr empfindliche Natur zerstört.

›Middag‹ isst man am Abend, das **Mittagessen** heißt ›lunch‹, es wird auch in Cafés angeboten, als smörgås-Auswahl oder warmes Tagesgericht (dagens rätt), dazu Brot, Butter, Salat, ein alkoholfreies Getränk und Kaffee. Immer steht auf der Theke heißer Kaffee, den man sich selbst einschenkt. Die Schweden sind nach den Finnen die wohl größten Kaffeekonsumenten. ›Kaffee med påtår‹, mit beliebigem Nachschenken, gehört oft auch zum Besuch von Sehenswürdigkeiten.

›Middag‹, das **Abendessen**, wird aufwändiger genossen, teils auch mit Selbstbedienung, meist jedoch am Tisch serviert. Preiswert-schlicht sind Fleischbällchen mit Preiselbeeren (köttbullar med lingon) oder am Meer gebratene Scholle (stekt rödspätta). Spezialitäten sind gegrillter Lachs (halstrad lax) oder auch Rentierfilet (rensadel).

Für ein anspruchsvolles Menü kann die Rechnung happig ausfallen, vor allem wenn man dazu ein normales **Bier** (starköl) oder ein Glas **Wein** trinkt. Nur ›lättöl‹, alkoholarmes Leichtbier, sowie ›mellanöl‹ (unter 3,5 % Alkohol) kann in Supermärkten gekauft werden. ›Starköl‹, das unserem Normalbier entspricht, gibt es wie alle anderen alkoholischen Getränke nur in den Verkaufsstellen der staatlichen Systembolag.

Feiertage, Landesferien

Feiertage und Feste: Die kirchlichen Feiertage entsprechen etwa denen Norddeutschlands. Zur eher ›heidnischen‹ Walpurgisnacht zum 1. Mai entzündet man große Feuer. Der Nationalfeiertag am 6. Juni ist nicht arbeitsfrei. Mittsommer wird am Wochenende, das dem 24. Juni am nächsten liegt, gefeiert. Das Lucia-Fest am 14. Dez. ist Anlass, ›glögg‹ (Glühwein) aus kleinen Gläsern zu trinken; dazu gibt es ›lussekatter‹ (Safrangebäck).

Landesferien: Die Sommer-Schulferien sind zwischen Anf./Mitte Juni und Anf./Mitte Aug. gestaffelt. In den so genannten Industrieferien im Juli ist es schwer, ohne Vorbuchung Platz an den Küsten und anderen Urlaubsgebieten zu finden. Dafür bieten dann die Hotels in den großen Städten ermäßigte Preise.

GELD

Geld: Der **Umrechnungskurs** Schwedenkrone: Euro liegt etwa bei 9:1. Die Krone ist in 100 Öre unterteilt; es gibt **Münzen** zu 10 und 50 Öre sowie 1, 5 und 10 Kronen, **Scheine** für 20, 50, 100 und 500 Kronen. **Banken** sind Mo.–Fr. 9.30–15.00, Do. bis 17.00 Uhr geöffnet; auch viele Postämter wechseln Bargeld. In Touristikzonen nehmen Geschäfte und Hotels meist auch **Euros** an.

EC- und Kreditkarten: Mit **EC-Karte** kann man an Bankautomaten Geld ziehen (bis 500 Euro tgl.); als Zahlungsmittel wird die EC-Karte nicht akzeptiert. Mit **Kreditkarten** lassen sich auch kleine Beträge begleichen.

Trinkgeld ist im Endpreis eingerechnet und nicht üblich, wird jedoch für freundliche Bedienung oder gute Leistung gerne akzeptiert.

GESCHÄFTSZEITEN

Die **Öffnungszeiten** sind vor allem auf dem Land und in Touristenorten sehr unterschiedlich – meist ohne Mittagspause. Märkte beginnen oft schon um 8.00 oder 7.00 Uhr, die Saluhallen in den Großstädten öffnen erst um 9.30 oder 10.00 Uhr. Supermärkte halten von 9.00 bis 19.00, 20.00 oder gar 22.00 Uhr auf, auch auf dem Land und teils auch an Sonn- oder Feiertagen. Die Alkoholläden Systembolaget sind Mo.–Mi. 9.30–18.00, Do. und Fr. bis 19.00 und Sa. 10.00–14.00 Uhr geöffnet.

Wo es **Warteschlangen** gibt – in Banken, Ämtern oder Bahnhöfen, zuweilen aber auch in Fischläden oder in Supermärkten –, sollte man gleich im Eingang einen ›nummerlapp‹ ziehen und warten, bis die Nummer aufgerufen wird oder über Theke oder Schalter blinkt.

SPECIAL

Spannende Tristesse

Nicht erst seit Henning Mankell mit seinem melancholischen Ystad-Kommissar Wallander haben schwedische Krimi-Autoren weltweiten Ruf. Das begann schon 1965 mit ›Die Tote vom Götakanal‹ des Ehepaares Mai Sjöwall und Per Wahlöö. In ihren zehn Romanen heißt der Kommissar Martin Beck, bei Ake Edwardson helfen Erik Winter stets gepaffte Zigarillos auf die Verbrecherspur, die Ermittlerin Annika Bengtzon war bereits drei Mal Romanheldin der Journalistin Liza Marklund, die Kriminalinspektorin Irene Huss die der einstigen Zahnärztin Helene Tursten. Hakan Nessers Hauptfigur van Veeteren scheint eine ähnliche Hassliebe zu seinem Beruf zu empfinden wie Kurt Wallander. Sogar die einmal zur literarisch-elitären Svenska Akademi zählende Kerstin Ekman legte schon ein halbes Dutzend Krimititel vor. Gemeinsam ist diesen spannungsreichen Werken die Grausamkeit der aufzuklärenden Verbrechen und das Bemühen der Helden, an der Tristesse des sozialen Hintergrunds nicht zu verzweifeln.

HOTELS (EINE AUSWAHL)

Preise:

€€€€	Doppelzimmer	über 140 €
€€€	Doppelzimmer	100–140 €
€€	Doppelzimmer	50–100 €
€	Doppelzimmer	unter 50 €

Stockholm: €€€€ **Grand Hotel**, Södra Blasieholmen 8, Box 16424, S-10327 Stockholm, Tel. 086793500, Fax 086118686, www.grandhotel.se. Nostalgie und Spitzenkomfort in Schwedens einzigem 5-Sterne-Hotel, dem königlichen Stadtschloss gegenüber. 310 Z. und Suiten.

€€€€ **Lady Hamilton**, Storkyrkobrinken 5, S-11128 Stockholm, Tel. 0850540100, Fax 0850640110, www.lady-hamilton.se. In einem Altstadthaus neben Storkyrkan, stilvolles Ambiente mit Nautica und Antiquitäten. 34 kleine, aber schöne Zimmer.

€€€€/€€€ **Mälardrottningen**, Riddarholmen, S-11128 Stockholm, Tel. 0854518780, Fax 08243676, www.malardrottningen.se. Die ehemalige Luxusjacht der superreichen Barbara Hutton liegt auf der Mälarseite der Altstadt. 59 Kajüten.

€€ **Söders Höjder Hotel**, Renstiernasgatan 15, S-11628 Stockholm, Tel. 086152135, Fax 086152183, www.sodershojder.com. Gemütliches Familienhotel in Södermalm, unweit Fjällgatan mit Blick über Saltsjön. 11 Z.

€ **Af Chapman**, Skeppsholmen, S-11149 Stockholm, Tel. 084632266, Fax 086117155, www.stfchapman.com. Mehr als ein Vandrarhem, ein Symbol ist dieser Dreimaster von 1888 gegenüber der Altstadt. 290 Plätze in Mehrbettkajüten; Preis pro Person.

€ **City Backpackers Hostel**, Upplandsgatan 2a, S-11128 Stockholm, Tel. 08206920, Fax 08100464, www.citybackpackers.se. Zentral gelegen, Küche, Sauna, Waschmaschinen für Rucksackreisende, 51 Plätze in 2- und Mehrbettzimmern; Preis pro Person.

Göteborg: €€€€ **Park Avenue Hotel**, Kungsportsavenyn 36, Box 53233, S-40016 Göteborg, Tel. 0317584000, Fax 0317584001, www.radissonsas.com. Hoher Komfort an Göteborgs Flaniermeile. 301 Z.

€€€ **Hotell Liseberg Heden**, Sten Sturegatan, S-41138 Göteborg, Tel. 0317506900, Fax 0317506930, www.liseberg.se. Hotelanlage nahe Zentrum und Vergnügungspark.

€ **Hotel Lilton**, Föreningsgatan 9, S-41127 Göteborg, Tel. 031828808, Fax 031822184, www.hotellilton.com. Kleines, persönliches Hotel im Grünen und doch zentrumsnah.

€ **Barken Viking**, Gullbergskajen, S-41104 Göteborg, Tel. 031635800, Fax 031150058, www.liseberg.se. Viermastbark von 1907 mit Café und Restaurant.

Malmö: €€€/€€ **Rica City Hotel**, Stortorget 15, S-21122 Malmö, Tel. 0406609550, Fax 0406609559, www.rica.se. Mitten in der Stadt mit schöner Aussicht.

€€ **Mayfair Hotell**, Adelgatan 4, S-21122 Malmö, Tel. 040101620, Fax 040101625, www.mayfairtunneln.com. Nahe Wallgraben, Hafen und Zentrum in einem Mittelalterbau.

Am Meer: €€€€ **Sandhamn Hotell**, Box 124, S-13039 Sandhamn, Tel. 0857450400, Fax 0857450450, www.sandhamn.com/conference. Ein Grandhotel auf einer der Außeninseln des Stockholmer Schärengartens. 84 Z., 12 Familienzimmer.

€€€€ **Hotell Toftagården**, S-62198 Visby, Tel. 0498297000, Fax 0498265666, www.toftagarden.se. Im Grünen nahe der Sandstrände von Tofta. 56 Z.

€€€€/€€€ **Strand Hotell Borgholm**, Öland, Villagatan 4, S-38721 Borgholm, Tel. 048588888, Fax 048588899, www.strand.borgholm.se. Schöne Anlage mit Strand.

€€€ **Comfort Hotel Packhuset**, Skeppsbrogatan 26, S-39231 Kalmar, Tel. 0480 57000, Fax 048086642, www.hotelpackhuset.se. Maritimes Flair am Hafen. 68 Z.

€€€ **Vitemölla Badhotell**, Lejegatan 60, S-27732 Kivik, Tel. 041470000, Fax 0414 70591, www.badhotell.com. Fast 100-jähriges, typisch schwedisches Badehotel. 15 Z.

€€€ **Lysekil Havshotell**, Turistgatan 13, S-45330 Lysekil, Tel. 052379750, Fax 052314204, www.strandflickorna.se. Schön altmodisches Holzhaus mit Badesteg. 15 Z.

€€€ **Hotell Smögen Havsbad**, Hotellgatan 26, S-45043 Smögen, Tel. 0523 668450, Fax 0523668455, www.smogenshavsbad.se. Eingeweiht 1900, erweitert 2001. 46 Z., Wellness-Einrichtungen.

€€€/€€ **Mölle Turisthotell**, Kullabergsvägen 32, S-26042 Mölle, Tel. 042347084, Fax 042347484, molle.turisthotell@hoganas.mail.telia.com. Klassisches Haus von 1872 mit Blick auf den Öresund.

€€ **Vildmarkshotellet Kolmården**, S-61893 Kolmården bei Norrköping, Tel.

GESCHICHTE

- **Um 3000–1500 v. Chr.** Jäger und Fischer gründeten erste Siedlungen, sie hinterließen Grabhügel, Steinkistengräber, Dolmen und Felszeichnungen.
- **98 n. Chr.** Die Svear oder Suiones, Volksstämme der Mälarseeregion, wurden von dem römischen Geschichtsschreiber Tacitus in der Schrift über Germanien erwähnt.
- **800–1100** Gamla Uppsala war Zentrum von Sveariket, später verkürzt zum heutigen Namen Sverige. Westskandinavische Waräger, Wikinger, beherrschten mit ihren Booten Westeuropas Küsten, nördliche Stämme drangen über russische Flüsse bis Byzanz vor, gründeten Städte und trieben in großem Stil Handel.
- **9. Jh.** Allmähliche Christianisierung durch Missionare. Der norddeutsche Bischof Ansgar predigte 830 das Christentum auf der Mälarinsel Birka.
- **1008** Der schwedische König Olof Skötkonung ließ sich taufen. Uppsala wurde 1164 Erzbistum.
- **13. Jh.** Die schwedischen Könige beherrschten Norrland, die Insel Gotland, einen Teil der Westküste und Südschweden ohne Schonen. Dabei stützten sie sich auf regionale Herrscher, die Jarle.
- **1249** Birger Jarl, Vormund mit Regierungsgewalt seines zum König gewählten Sohnes Waldemar, christianisierte nach einem Feldzug auch Finnland. Er schloss mit den Hansestädten Lübeck und Hamburg Handelsverträge, die deutsche Einwanderung begünstigten. Er gilt als Gründer Stockholms.
- **14. Jh.** Unter Magnus Eriksson, zugleich König von Norwegen, verlor Schweden 1360 das 1332 erworbene Schonen und 1361 auch Gotland an Dänemark. Albrecht von Mecklenburg wurde schwedischer König. Gegen sein deutsches Gefolge rebellierend, wählte der schwedische Adel 1388 Margarete von Dänemark zur Königin.
- **1389** Margarete vertrieb Albrecht. Da sie zugleich Königin von Norwegen war, vereinigte sie die drei skandinavischen Reiche in der Kalmarer Union zu einem Staatenbund.
- **1397** Margaretes Großneffe Erich von Pommern wurde König. Er regierte eigenmächtig mit einem Vögte-System, verletzte zugesicherte Rechte der Bürger und erhöhte nach kostspieligen Kriegen gegen Holstein und Hanse die Steuern.
- **1434** Gegen sein Regime erhoben sich die schwedischen Bauern, setzten ihn ab. Damit beginnt die Loslösung Schwedens aus der Kalmarer Union.
- **1520** Der dänische König Christian II. versuchte, durch das ›Stockholmer Blutbad‹ den schwedischen Drang nach Eigenbestimmung zu brechen. Er löste damit einen Volksaufstand unter Gustav Eriksson Vasa aus, der als Gustav I. 1523 zum König gewählt wurde. Dieser beschlagnahmte die Kirchengüter, führte die Reformation ein und gründete das Erbkönigtum.
- **1563–1570** Schweden festigte im Krieg gegen Dänemark seine Selbstständigkeit.
- **1630** König Gustav II. Adolf griff in den Dreißigjährigen Krieg ein, fiel 1632 in der Schlacht bei Lützen, Schweden wurde nach dem Westfälischen Frieden von 1648 führende Macht in Nordeuropa unter Einschluss Bremens und Vorpommerns. Gustav Adolf gab dem Land eine mustergültige Verfassung.
- **1700–1721** Der Große Nordische Krieg mit Russland, Sachsen-Polen und Dänemark beendete die schwedische Vorherrschaft im Ostseeraum.
- **1772** Gustav III., ein Neffe Friedrichs des Großen, beseitigte die von Rivalitäten geprägte Ständeverfassung und regierte als ›aufgeklärter Despot‹, er förderte Künste und Literatur. 1784 gründete er nach dem Vorbild der Académie Française die Schwedische Akademie für Literatur.
- **1792** Gustav III. wurde auf einem Maskenball in der Stockholmer Oper von dem Offizier Anckarström erschossen.
- **1810** Der französische Marschall Jean-Baptiste Bernadotte wurde von dem kinderlosen Karl XIII. adoptiert und 1818 als Karl XIV. Johan zum König gekrönt. Er gründete die gegenwärtige Dynastie.
- **1814** Nach den Feldzügen Napoleons verlor Dänemark im Frieden von Kiel Norwegen an Schweden, Schweden gab Vorpommern an Preußen ab. Seitdem ist es neutral und hat keinen Krieg mehr geführt.
- **1905** Das Norwegische Königreich beendete die Personalunion seines Herrschers mit der des Schwedischen.
- **1918–1920** Einführung des allgemeinen Wahlrechts.
- **1932–1976** Die Sozialdemokraten bauten als stärkste Partei den Wohlfahrtsstaat auf.
- **1973** Tod Königs Gustav VI. Adolf.
- **1975** Sein Nachfolger Carl XVI. Gustaf wurde durch eine moderne Verfassung reiner Repräsentant ohne Macht.
- **1976–1981** Bürgerliche Koalitionen lösten die Sozialdemokraten ab.
- **1986** Der sozialdemokratische Ministerpräsident Olof Palme wurde aus bisher nicht geklärten Gründen auf offener Straße ermordet.
- **1994** Nach drei Jahren konservativer Mehrheit im Parlament bildeten die Sozialdemokraten eine Minderheitsregierung.
- **1995** Mit 52,3 % der Stimmen einer Volksabstimmung trat Schweden der Europäischen Union bei, behält aber vorerst seine Kronen-Währung.
- **2000** Mit der Einweihung der Öresundbrücke erfolgte der geografische Anschluss an Kontinentaleuropa.

011157100, Fax 011157190, www.vildmarkshotellet.se. Afrikanisches Ambiente.

ⓔⓔ **Anno 1793 Sekelgården**, Langgatan 18, Box 146, S-27123 Ystad, Tel. 041173900, Fax 041118997, www.sekelgarden.se. Schöner, alter Fachwerkbau.

ⓔ **Skärgården Lysingsbadet**, Lysingsvägen, S-59353 Västervik, Tel. 049088920, Fax 049088945, www.vastervik.se/turist. Ferienanlage an der Ostseeküste.

Im Binnenland: ⓔⓔⓔⓔ/ⓔⓔ **Hotell Dalia**, Karlsbergsvägen 3, S-66630 Bengtsfors, Tel. 053172700, Fax 053112789, www.hotelldalia.com. Hotel und Restaurants einer Fachschule mitten im Dalsland am Lelangsee.

ⓔⓔⓔ **Toftaholm Herrgård**, Toftaholm bei Värnamo, S-34014 Lagan, Tel. 037044055, Fax 037044045, www.toftaholmherrgard.com. Romantisches Haus mit Geschichte an einem Småland-See.

ⓔⓔⓔ **Hotel Royal**, Stortorget 12, Box 6128, S-70006 Örebro, Tel. 019166200, Fax 019 166229, www.royalhotell.com. Englischer Kolonialstil, nahe Schloss und Fluss Svartån.

ⓔⓔⓔ **Söderköpings Brunn**, Skönbergagatan 35, S-61480 Söderköping, Tel. 012110900, Fax 012113941. Im einstigen Kurhaus der Mineralquelle, am Götakanal. 84 Z.

ⓔⓔⓔ/ⓔⓔ **Tanums Gestgifveri**, Apoteksvägen 7, S-45731 Tanumshede, Tel. 0525

29010, Fax 0525 29571, www.tanumsgestgifveri.com. Gasthaus seit 1663, Hotelteil aus den 1920er-Jahren, 19 Z.

€€ **Hotell Carl XII**, Storgatan 41, S-668 30 Ed, Tel. 0534 61155, Fax 0534 12224, www.carlxii.com. Auf einer schmalen Landzunge am Südende des Dalslandsees Stora Le.

€ **Pensionat Rättaregården**, Södra Freberga, S-591 92 Motala, Tel. 0141 51730. Einfaches Gästehaus nahe dem Götakanal.

Kann anstrengend sein: Pedal-Draisine

Restaurants (eine Auswahl)

Preise:

€€€€	Hauptspeisen	über 30 €
€€€	Hauptspeisen	20–30 €
€€	Hauptspeisen	15–20 €
€	Hauptspeisen	unter 15 €

Stockholm: €€€€ **Den Gyldenen Freden**, Österlånggatan 51, Tel. 08 249760. Altstadtrestaurant mit schwedischer Küche in stimmungsvollem Kellergewölbe.

€€€ **Operakälleren**, Karl XIIs Torg, Tel. 08 6765800. Der ›Opernkeller‹ bietet den eleganten Glanz des 19. Jh. Im selben Haus das ›Café Opera‹.

€€ **Wedholms Fisk**, Nybrokajen 17, 08 6117874. Rustikale bis edle Fischgerichte.

€€ **Gråmunken**, Västerlånggatan 18, Tel. 08 202590. Gemütliches Bistro und Café mitten in der Altstadt.

Göteborg: €€€ **Fiskekrogen**, Lilla Torget 1, Tel. 031 101005. Fisch und Meeresfrüchte in jeder Form.

€€€ **Sjömagasinet**, Klippans Kulturreservat, Tel. 031 7755920. Mit Meerblick in altem Speicher der Ostindischen Kompagnie.

€€ **Tvåkanten**, Kungsportavenyn 27, Tel. 031 182115. Kleines Lokal mit regionaler Küche.

Malmö: €€€ **Kockska Krogen**, Stortorget, Tel. 040 70320. Feine schwedische Küche in historischer Umgebung.

€€ **Rådhuskälleren**, Stortorget, Tel. 040 790020. Wein- und Bierlokal im alten Rathausgewölbe.

Im Binnenland: €€€ **Gripsholms Värdshus & Hotel**, Kyrkogatan 1, S-647 23 Mariefred, Tel. 0159 34750, www.gripsholms-vardshus.se. Im ältesten Gasthof des Landes saß schon Tucholsky (auch Gästezimmer).

€€ **Ronnums Herrgård**, S-468 30 Vargön, Tel. 0521 260000, www.softwarehotels.se/ronnum. Sehr gute Küche in altem Herrensitz unweit des Vänersees.

Am Meer: €€ **Sandhamns Värdshus**, S-130 39 Sandhamn, Tel. 08 57153051, www.sandhamns-vardshus.se. Seit 1672 gibt es den rustikalen Gasthof (auch Gästezimmer).

Sprache

Geschriebenes Schwedisch ist recht einfach zu verstehen, viele Wörter ähneln dem Deutschen oder Englischen, manche haben jedoch andere Bedeutung, siehe ›middag‹. Außerdem integrieren skandinavische Sprachen den Artikel in das Substantiv; ›byrån‹ bedeutet beispielsweise ›das Büro‹, ›museet‹ ›das Museum‹. In allen skandinavischen Ländern wird die Fremdsprache Englisch intensiv gelehrt; viele Schweden sprechen oder verstehen zumindest auch Deutsch, deshalb gibt es kaum Kommunikationsprobleme.

Telefon

Die **Vorwahl** für Schweden ist 0046, dann folgt vom Ausland her die ein- bis dreistellige Ortsnummer ohne 0, schließlich die Teilnehmernummer. Von Schweden nach Deutschland wählt man zunächst 0049 und nach dem Signalton ebenfalls ohne 0 die Ortsziffer und dann den Teilnehmeranschluss. Die Vorwahl für Österreich ist 0043, für die Schweiz 0041. **Telefonzellen** sind Kartenautomaten; ›Telefonkort‹ gibt es u. a. im ›Pressbyrå‹ und an Tankstellen.
Für die **Mobiltelefone** ist die Deckung in Südschweden so gut wie hundertprozentig.

Unterkunft

Bed & Breakfast: Privatzimmer vermitteln die Touristenbüros. In Stockholm-Stadt B & B CenterStockholm, Box 4003, S-171 04 Solna, Tel. 08 7300003, Fax 08 7305214, www.bbc.nu; und B & B Agency Sweden, Mariatorget 8, S-118 48 Stockholm, Tel. 08 6438028, Fax 08 6438078, www.bba.nu.

Camping: Für Campingplätze ist die schwedische Campingkarte erforderlich, sie kann im Voraus beim Campingverband SCR angefordert werden. Dieser schickt eine Karte zu, für die auf dem ersten angesteuerten Platz eine Wertmarke von ca. 6,50 Euro gekauft werden muss. Die Plätze haben ein hohes Niveau, Wohnwagenstellplatz ab ca. 10 Euro, Campinghütten ab 23 Euro pro Nacht. Katalog, auch mit Hütten und Wandererheimen und Wegekarte über SCR, Box 255, S-45117 Uddevalla, Fax 0046522 642430, www.camping.se

Jugendherbergen heißen Vandrarhem, haben hohen Standard und sind nicht nur Jugendlichen vorbehalten. In Südschweden gibt es ca. 180 dieser Herbergen. Adressenliste ›Schlafen und mehr‹ über Svenska Turistföreningen, Box 25, S-101 20 Stockholm, Tel. 0046084 632100, www.svenskaturistforeningen.se.

Urlaub auf dem Bauernhof: Eine Alternative in zwei Variationen: eine eigene ›stuga‹ auf dem Hof mit Selbstbeköstigung oder Bed & Breakfast. Katalog über Visit Sweden oder Bo på Lantgård, Tel. 0046 35127870, Fax 0046 35127860, www.bopalantgard.org.

Wetter

Das Wetter in Südschweden ähnelt dem norddeutschen, es können rasche Temperaturunterschiede eintreten, im Mai kann es noch sehr kühl sein, im Sommer sehr heiß werden! Wer an einem See Urlaub macht, sollte Mückenschutz nicht vergessen. Mit Ölzeug wappnet man sich gegen meist schnell durchziehende Regenzonen.

Malmö	Tages-temp. max.	Nacht-temp. min.	Wasser-temp.	Tage mit Nieder-schlag	Sonnen-stunden pro Tag
Januar	2°	−2°	3°	12	1
Februar	2°	−2°	2°	9	2
März	5°	−1°	3°	10	4
April	10°	3°	5°	9	6
Mai	16°	7°	9°	8	9
Juni	20°	11°	14°	8	9
Juli	21°	13°	16°	9	8
August	21°	13°	16°	8	7
September	17°	10°	14°	9	6
Oktober	13°	7°	12°	10	3
November	7°	3°	8°	11	1
Dezember	4°	0°	5°	11	1

Durchschnittswerte — Quelle: Deutscher Wetterdienst, Hamburg

Zoll

Von Reisenden über 20 Jahren können zollfrei eingeführt werden: 5 Liter Spirituosen über 22 % Alkohol, 6 Liter Starkwein über 15 %, 52 Liter normaler Wein und 64 Liter Bier über 3,5 %; außerdem 400 Zigaretten oder 200 Zigarillos oder 100 Zigarren oder 550 Gramm Rauchtabak.

Register

Fette Ziffern verweisen auf Abbildungen.

Zeichenerklärung

Autoatlas

- Autobahn - Autobahn in Bau
- Autobahn in Planung
- Autobahn-, Europa-, Straßennummer — E04 — 32
- Raststätte mit / ohne Übernachtungsmöglichkeit
- Tankstelle
- Durchgangsstraße
- Wichtige Hauptstraße
- Hauptstraße
- Sonstige Straße
- Fahrweg
- Straßentunnel - Brücke
- Fernkilometer — 153
- Großkilometer — 50
- Kleinkilometer — 7
- Fernverkehrsbahn
- Sonstige Eisenbahn
- Kabinenschwebebahn
- Sessellift (Auswahl)
- Autofähre
- Schifffahrtslinie
- Kultur - Eine Reise wert — ★★STOCKHOLM
- Kultur - Lohnt einen Umweg — ★Strängnäs
- Landschaft - Eine Reise wert — ★★ Skärgarden
- Landschaft - Lohnt einen Umweg — ★ Gotland
- Info - Hinweis — 5
- Lanschaftlich schöne Strecke
- Touristenstraße — Gröna vägen
- Pass mit Höhen- und Steigungsangabe- Wintersperre — 1660 — 8% — XI-V
- Bedeutende Steigungen — 15%
- Höhenangabe in Metern - Ortshöhe — 1660 — (630)
- Besonders schöner Ausblick
- Nationalpark, Naturpark, Naturschutzgebiet
- Sperrgebiet
- Staatsgrenze
- Grenzkontrollstelle
- Kirche - Kloster - Schloss, Burg
- Ruinen
- Denkmal-Wasserfall-Höhle-Ruinenstätte
- Sonstiges Objekt - Campingplatz
- Jugendherberge
- Verkehrsf.-,Regionalflughafen-Flugplatz

Cityplan

- Fernstraße - Hauptstraße
- Sonstige Straßen - Fußgängerzone
- Einbahnstraße - Information
- Hauptbahn mit Bahnhof
- U-Bahn
- Straßenbahn - Buslinie
- Schifffahrtslinie
- Sehensw. Kirche - Sonstige Kirche - Synagoge
- Denkmal - Jugendherberge - Polizeistation
- Postamt - Krankenhaus - Hotel
- Parkplatz - Flughafenbus
- Info - Hinweis — 5

Impressum

2. aktualisierte Auflage 2005
Verlag: HB Verlag, Marco-Polo-Zentrum, 73760 Ostfildern, Postfach 3151, 73751 Ostfildern, Tel. 0711/4502-0, Fax 0711/4502-135, www.hb-verlag.de, hb@mairdumont.com
Geschäftsführer: Dr. Thomas Brinkmann, Dr. Stephanie Mair-Huydts

Chefredaktion und Programmleitung: Rainer Eisenschmid, Birgit Borowski
Redaktion: Horst Keppler
Text: Alphons Schauseil, Ville de Paraso
Exklusiv-Fotografie: Michael Riehle, Berlin (Titelbild: Schärengarten vor Stockholm)
Grafische Konzeption: CYCLUS · Visuelle Kommunikation, Stuttgart
Layout: Martina Nicolodelli, Hamburg
Kartografie: © MAIRDUMONT GmbH & Co. KG, Ostfildern
HB Bildatlas Fotoservice: HB Verlag, Marco-Polo-Zentrum, 73760 Ostfildern, Tel. 0711/4502-266, Fax 0711/4502-1006, a.nebel@mairdumont.com

Für die Richtigkeit der in diesem HB Bildatlas angegebenen Daten – Adressen, Öffnungszeiten, Telefonnummern usw. – kann der Verlag keine Garantie übernehmen. Nachdruck, auch auszugsweise, nur mit vorheriger Genehmigung des Verlages. Erscheinungsweise: monatlich.

Anzeigenalleinverkauf: KV Kommunalverlag GmbH & Co. KG, MediaCenterMünchen, Postfach 810565, 81905 München, Tel. 089/928096-44/-52, Fax 089/928096-62, kramer@kommunal-verlag.de, www.mediacentermuenchen.de
Vertrieb Zeitschriftenhandel: Partner Pressevertrieb GmbH, Postfach 810420, 70521 Stuttgart, Tel. 0711/7252-227, Fax 0711/7252-310
Vertrieb Abonnement: Zenit Pressevertrieb GmbH, Postfach 810640, 70523 Stuttgart, Tel. 0711/7252-265, Fax 0711/7252-333, hbverlag@zenit-presse.de
Vertrieb Buchhandel und Einzelhefte: MAIRDUMONT GmbH & Co. KG, Marco-Polo-Zentrum, 73760 Ostfildern, Tel. 0711/4502-0, Fax 0711/4502-340
Reproduktionen: Otterbach Medien KG GmbH & Co., Rastatt
Druck und buchbinderische Verarbeitung: Echter Druck GmbH, Würzburg. Printed in Germany

ISBN 3-616-06155-5

HB Bildatlas

Deutschland

227 Allgäu
198 Altmühltal
204 Bayerischer Wald
235 Berlin
235 Berlin (englische Ausgabe)
185 Bodensee
111 Brandenburg
178 Chiemgau · Berchtesgadener Land
274 Dresden · Sächsische Schweiz
256 Eifel · Aachen
260 Elbe und Weser · Bremen
171 Erzgebirge · Vogtland · Chemnitz
190 Fichtelgebirge · Frankenwald · Coburger Land
242 Frankfurt · Taunus · Rheingau
269 Fränkische Schweiz
253 Hamburg
253 Hamburg (englische Ausgabe)
73 Hannover · Braunschweiger Land
263 Harz
188 Hessisches Bergland
234 Hunsrück · Naheland · Rheinhessen
233 Leipzig · Halle · Magdeburg
209 Lüneburger Heide
137 Mainfranken
179 Mecklenburgische Seen
240 Mecklenburg-Vorpommern
151 Mittelfranken
249 Mosel
165 München
255 Münsterland · Münster
159 Nordseeküste Schleswig-Holstein
196 Oberbayern zwischen Lech und Inn
271 Odenwald · Bergstraße
219 Osnabrücker Land · Emsland · Oldenburger Münsterland · Grafschaft Bentheim
155 Ostbayern zwischen Donau und Inn
211 Ostfriesland · Oldenburger Land
168 Ostseeküste Mecklenburg-Vorpommern
277 Ostseeküste Schleswig-Holstein
215 Pfalz
194 Potsdam · Havelland
243 Rhein zwischen Köln und Mainz
208 Rügen · Usedom · Hiddensee
161 Saarland
258 Sachsen
114 Sachsen-Anhalt
268 Sauerland
200 Schwäbische Alb
266 Schwarzwald · Norden
214 Spreewald · Lausitz · Märkisch-Oderland
247 Südlicher Schwarzwald
224 Sylt · Amrum · Föhr
182 Tauber und Neckar · Stuttgart · Heilbronn · Rothenburg
173 Teutoburger Wald · Ostwestfalen
261 Thüringen
141 Thüringer Wald
202 Trier
237 Weserbergland

Benelux

246 Amsterdam
187 Flandern · Brüssel
62 Luxemburg
275 Niederlande

Frankreich

160 Atlantikküste
278 Bretagne
217 Burgund
225 Côte d'Azur · Monaco
222 Elsass
221 Korsika
132 Normandie
229 Paris
192 Provence
184 Südfrankreich · Languedoc-Roussillon

Griechenland

193 Athen · Peloponnes
140 Griechische Inseln: Kykladen
189 Korfu · Ionische Inseln
228 Kreta
104 Rhodos · Dodekanes
166 Zypern

Grossbritannien · Irland

158 Irland
197 Kanalinseln
175 London
231 Nordengland
144 Schottland
241 Südengland
216 Wales

Italien · Malta · Kroatien

195 Adriaküste · Emilia-Romagna
239 Gardasee · Trentino
156 Golf von Neapel · Kampanien
265 Italienische Riviera
238 Kroatische Adriaküste
254 Malta
210 Mittelitalien: Marken · Umbrien · Abruzzen
270 Oberitalienische Seen · Mailand
230 Piemont · Aostatal
226 Rom
264 Sardinien
232 Sizilien
201 Süditalien: Apulien · Basilikata
207 Südtirol
267 Toskana
181 Venedig · Venetien · Friaul · Triest

Mittel- und Osteuropa

164 Böhmen
148 Danzig · Ostsee · Masuren
248 Prag
152 St. Petersburg
244 Südpolen

Österreich

162 Burgenland
170 Kärnten
199 Niederösterreich · Wachau
218 Oberösterreich
220 Salzburger Land · Salzkammergut · Salzburg
174 Tirol
206 Wien

Schweiz

154 Basel · Bern · Aargau · Solothurn
172 Tessin
191 Westschweiz

Spanien · Portugal

236 Algarve · Lissabon
223 Andalusien
150 Costa Blanca
262 Costa Brava · Barcelona
176 Gran Canaria · Fuerteventura · Lanzarote
213 Ibiza · Formentera · Menorca
259 Kanarische Inseln
245 Lanzarote
212 Mallorca
203 Nordportugal
205 Nordspanien
177 Teneriffa · La Palma · Gomera · Hierro

Skandinavien

183 Bornholm
186 Jütland
180 Nordnorwegen
276 Norwegen · Süden
169 Südfinnland · Helsinki
250 Südschweden · Stockholm

Türkei

252 Türkische Mittelmeerküste

Außereuropäische Ziele

273 Australien Osten · Sydney
251 Kanadas Westen
272 New York
257 Südafrika

HB Bildatlas Special

Afrika · Naher Osten

67 Ägypten
64 Arabien: V. A. Emirate · Oman · Kuwait · Qatar · Bahrain
52 Indischer Ozean: Madagaskar · Mauritius · La Réunion · Seychellen · Komoren
72 Marokko
61 Namibia
71 Tunesien · Libyen

Australien · Ozeanien

45 Australien: Westen
18 Neuseeland
38 Südsee

Europa

54 Madeira · Azoren · Kapverden

Süd- und Südostasien · Ferner Osten

12 Bali · Lombok · Java
10 Hongkong
53 Indien: Rajasthan · Delhi · Agra
39 Indien: Südindien
43 Peking
69 Philippinen
34 Sri Lanka und Malediven
49 Südkorea
70 Thailand
36 Vietnam

Süd- und Mittelamerika · Karibik

44 Argentinien
57 Chile
55 Dominikanische Republik · Haiti
63 Ecuador und Galápagos-Inseln
60 Jamaika
65 Kleine Antillen: Antigua · Guadeloupe · Martinique · Barbados u. a.
33 Kuba
73 Mexiko
51 Peru

USA · Kanada

58 Alaska
62 Florida
2 Kalifornien
32 Kanadas Osten
68 Las Vegas · Grand Canyon
46 Neuengland · Boston
56 Nordwesten: Washington · Oregon
66 Route 66
26 Südwesten: Nevada · Utah · Arizona · New Mexico
59 Texas

HB Bildatlas Sonderausgaben

24 Ski-Special Alpen 2005
25 Alpen Special 2005

Überall im Pressefachhandel, Buchhandel und Bahnhofsbuchhandel erhältlich oder zu bestellen unter
Telefon 0711/4502-0,
Fax 0711/4502-340

PRESSE

PRESSE & BUCH IM BAHNHOF